W0076297

# Abendessen, aber richtig!

Geschafft, endlich zu Hause! Jetzt kann der gemütliche Teil des Tages beginnen.

**Fix zubereiten, in Ruhe genießen** Da der Feierabend so kostbar ist, sollte die Zubereitung des Essens nicht länger als 30 Minuten dauern. Dann bleibt umso mehr Zeit, die blitzschnellen Gerichte ganz in Ruhe zu genießen, bevor wieder Sport, Kino oder Fernsehen locken. Und gerade bei der Abendmahlzeit gilt das Motto »Gut gekaut, ist halb verdaut« ganz besonders. Denn langsames Essen und gründliches Kauen entlasten die Verdauungsorgane und helfen, nächtliche Beschwerden zu vermeiden. Doch fällt es nach der Hektik des Tages und bei großem Appetit manchmal schwer, das Essen nicht einfach herunterzuschlingen. Bereiten Sie daher die Mahlzeit am besten nicht sofort zu, wenn Sie nach Hause kommen, sondern gönnen Sie sich zunächst 1/2 Stunde Ruhepause auf dem Sofa oder im Garten. Schaffen Sie dann zum Essen eine gemütliche Atmosphäre: Ein paar Kerzen auf dem Tisch und eine beruhigende Hintergrundmusik können Wunder wirken. Nehmen Sie sich 15–20 Minuten Zeit für Ihre Mahlzeit – das ist das absolute Minimum für entspanntes Essen. Tun Sie sich und Ihrem Körper mit dieser »Ruheinsel« etwas Gutes. Stress haben Sie untertags schon genug!

**Fernsehen, nein danke!** Insbesondere für Menschen mit Verdauungsproblemen ist Abendessen vor dem Fernseher tabu. Denn das Fernsehen lenkt zu stark vom Essen ab, man kaut dabei weniger und schluckt mehr Luft. Zudem ist die Sitzposition meist ungünstig. Blähungen und Völlegefühl sind vorprogrammiert.

**Essen nach Gefühl** Jeder Mensch ist ein Individuum – auch was seine Verdauung angeht. Ein Beispiel: Mancher verträgt am Abend Rohkost wunderbar, anderen bekommt das überhaupt nicht. Achten Sie darauf, wie Sie sich nach dem Essen fühlen, und richten Sie Ihre Essgewohnheiten danach aus. Und gönnen Sie Ihrem Körper nach dem Essen noch 3–4 Stunden, bevor Sie ins Bett gehen. Bis dahin ist der Verdauungsprozess größtenteils abgeschlossen. Wenn Sie sich erst um Mitternacht schlafen legen, können Sie ruhig auch erst um 20 Uhr essen und müssen sich nicht sklavisch an die landläufig geltende 18-Uhr-Regel halten. Am Wochenende, wenn eine lange Nacht bevorsteht, kann es ruhig auch mal ein bisschen später sein.

**Tischlein deck dich – nur womit?** Die Wahl des perfekten Abendessens hängt stark von der Tagesgestaltung und den persönlichen Vorlieben ab. Wenn mittags in der Kantine bereits Schnitzel und Pommes auf dem Teller lagen, sind abends leichte Kleinigkeiten, wie raffiniert belegte Brote, eine Suppe oder ein krackiger Salat, unter Umständen die beste Wahl. Gab es tagsüber nur ein belegtes Brötchen, verführen abends vielleicht eher Pasta oder Fisch. Entscheiden Sie einfach nach Ihrem »Bauchgefühl«. Generell sind Sie beim Abendessen mit der Devise »Nicht zu schnell, nicht zu spät, nicht zu fett, nicht zu viel!« auf der sicheren Seite. So wird das blitzschnell zubereitete und in Ruhe genossene Abendessen garantiert zum perfekten Einstieg in einen entspannten Abend.

# Gut organisiert ist halb gekocht

Tipps & Tricks für die schnelle Küche

Machen Sie Ihre Küche fit fürs schnelle Abendessen, denn eine gut sortierte und ausgerüstete Küche macht vieles einfacher (s. S. 9). Überlegen Sie sich bereits vor dem Kochen, welche kleinen Helfer Sie benötigen, und legen Sie alles bereit. Achten Sie aber darauf, dass Sie noch genügend Bewegungsfreiheit haben.

**Richtig einheizen** Steht ein Ofengericht auf dem Speiseplan, ist das Einschalten des Backofens immer der allererste Schritt, denn das Vorheizen dauert ein wenig. Heizen Sie immer auf höchster Stufe vor und schalten Sie dann auf die gewünschte Temperatur herunter. Derweil können Sie in Ruhe Pizza & Co. vorbereiten. Für kochendes Wasser in Rekordzeit sorgt ein Wasserkocher (s. S. 9). Wer gleichzeitig die Herdplatte vorheizt und das heiße Wasser anschließend in einen Topf gießt, für den ist das erneute Aufkochen auf dem Herd nur noch eine Frage von Sekunden.

**Schnippeln** Bei Gemüsesorten mit etwas längerer Garzeit kommt es auf die Form an. Schneiden Sie Kartoffeln, Rote Beten und Auberginen einfach in kleine Würfel oder dünne Scheiben; so sind sie blitzschnell gekocht oder gebraten.

**Multitasking** Um Zeit zu sparen, müssen zum Teil ein paar Abläufe parallel stattfinden, d. h., während Reis oder Kartoffeln kochen, waschen und schnippeln Sie das Gemüse oder braten Sie bereits das Fleisch. Arbeiten Sie daher möglichst auch beim Schnippeln in der Nähe des Herds, damit Sie gleichzeitig ein Auge auf bereits Köchelndes oder Brutzelndes werfen können. Wem das nicht gelingt, der erledigt einfach alles nacheinander, muss dann aber einige Minuten mehr einplanen.

**Vorratspflege** Ein gut sortierter Vorrat ist das A und O der schnellen Küche. Idealerweise besteht er aus einem Vorratsregal für getrocknete Nudeln, Reis, Couscous und Konserven. Wenn es dort dunkel, kühl und luftig ist, fühlen sich darin auch Kartoffeln, Zwiebeln und Knoblauch einige Wochen wohl. Das Frischefach im Kühlschrank ist der beste Lagerort für viele Gemüsesorten (außer Tomaten, Paprika, Auberginen und Avocados) und Salate. Außerdem gehören Käse, Milchprodukte, frische Pasta, Eier und angebrochene Konserven in den Kühlschrank. Das Eisfach ist für TK-Kräuter, -Gemüse, -Fisch und -Fleisch reserviert. Sortieren Sie die Produkte nach dem Mindesthaltbarkeitsdatum – zuerst verfallende Produkte kommen nach vorne, damit sie nicht in Vergessenheit geraten. Besonders clever und zeitsparend: Überlegen Sie sich vor dem Einkauf bereits zwei bis drei Gerichte und stocken Sie den Vorrat danach gezielt auf. Wer das Abendessen dann noch gern um einzelne frische Komponenten, wie Frischfisch, -fleisch, -gemüse oder frische Kräuter, ergänzen will, kann ganz gezielt, beispielsweise in der Mittagspause, die Frischeabteilung des Supermarkts, den Wochenmarkt, Metzger oder Gemüsehändler aufsuchen und hat innerhalb kurzer Zeit alles eingekauft.

# Was das Kochen schneller macht

### 1 | Wasserkocher

Viel schneller als im Topf geht das Aufkochen von größeren Wassermengen mit einem guten Wasserkocher. Achten Sie beim Kauf darauf, dass die Heizschnecke im Boden eingelassen ist. Außerdem sollten Sie regelmäßig entkalken, da eine dicke Kalkschicht am Boden auf Kosten der Geschwindigkeit geht. Die Qualität von Wasserkochern ist sehr unterschiedlich! Informieren Sie sich daher vor dem Kauf am besten bei »Ökotest« oder »Stiftung Warentest«.

### 2 | Scharfe Messer

Nichts erleichtert die Arbeit in der Küche mehr als ordentliche Messer. Dabei muss es gar nicht das japanische Profimesser sein, einheimische Hersteller bieten für wenig Geld gute Qualität. Für den Anfang genügen ein großes Kochmesser, ein kleines Gemüse- bzw. Schälmesser und ein Sparschäler. Achten Sie beim Kauf darauf, dass die Messer relativ leicht sind und dünne Klingen haben – das erleichtert die Handhabung. Und: Immer per Hand spülen und regelmäßig nachschärfen!

### 3 | Stabmixer

Für das Pürieren von Suppen und Saucen ist er unerlässlich, für das Anrühren von Salatsaucen und Dips eine große Hilfe. Besonders empfehlenswert sind Geräte mit zusätzlichem Mixbecher und Sahnebesen. Achten Sie beim Kauf auf eine hohe Wattzahl und auf einen Mixaufsatz aus Metall. Es lohnt sich, etwas mehr Geld zu investieren. Billige Geräte sind häufig sehr laut, der Motor macht schnell schlapp oder das Messer löst sich bereits nach kurzer Zeit.

### 4 | Knoblauchpresse

Wer auf unangenehmen Knoblauchgeruch an den Fingern verzichten und zusätzlich Zeit sparen möchte, arbeitet am besten mit einer Knoblauchpresse. Das Gerät sollte stabil sein und ein herausklappbares oder herausnehmbares Sieb haben. So lässt sich die Presse leichter reinigen.

### 5 | Küchenreibe

Raspeln und Hobeln geht meist deutlich schneller, als Möhren, Gurken & Co. per Hand in feine Streifen oder Scheiben zu schneiden. Besonders praktisch sind Vierkantreiben mit grober und feiner Raspel, Hobel und Zitronen-, Ingwer- bzw. Muskatreibe. Damit sind Sie für alles gerüstet und sparen sich den Kauf von weiteren Geräten.

### 6 | Frischhalte-Boxen

Zur schnellen Küche gehört auch die clevere Lagerung. Gemüse etwa bleibt in guten Frischhalte-Boxen einige Tage frisch – das erspart den täglichen Einkauf. Außerdem: Wenn man schon mal kocht, kann man häufig auch gleich die doppelte Menge zubereiten und den Rest für den nächsten Tag kühl stellen oder einfrieren. Moderne Frischhalte-Boxen sind dafür geeignet und häufig auch spülmaschinenfest und mikrowellentauglich. Achten Sie aber unbedingt auf die Herstellerangaben. Übrigens: Mehrere Hersteller haben gute Aufbewahrungssysteme im Angebot. Dafür müssen Sie nicht unbedingt eine Party besuchen!

# Was gehört in den Ratzfatz-Vorrat?

### 1 | TK-Gemüse

Achten Sie im Interesse der zahlreich enthaltenen Vitamine darauf, dass die Kühlkette auch auf dem Weg nach Hause nicht unterbrochen wird. Daher: TK-Produkte als Letztes in den Einkaufskorb packen, isolierte Taschen verwenden und die Ware möglichst schnell ins Eisfach legen.

### 2 | Gemüsekonserven

… hinken in Sachen Inhaltsstoffe und Geschmack Tiefkühlgemüse meist hinterher. Dafür sind Mais, Rotkohl & Co. aus Glas oder Dose bereits fertig gegart und verkürzen so die Zubereitung erheblich. Dosentomaten sind frischen Tomaten oft sogar geschmacklich überlegen. Weiterer Blitzküchen-Pluspunkt: Gemüse aus Glas und Dose ist lange lagerfähig.

### 3 | Basmatireis

Während andere Reissorten bis zu 1 Stunde kochen, um gar zu werden, kommt Basmati mit wenigen Minuten aus. Danach sollte er noch ein paar Minuten quellen, und schon ist die Asia-Beilage fertig.

### 4 | Frische Nudeln

Nudeln zu kochen, dauert nicht lange. Wenn es jedoch richtig schnell gehen soll, ist Pasta aus dem Kühlregal die bessere Alternative. Sie ist je nach Sorte in 2–5 Minuten »al dente«. Einziger Nachteil: Länger als 1–2 Wochen sollte sie nicht im Kühlschrank liegen. Achten Sie also auf das Haltbarkeitsdatum.

### 5 | Oliven, Kapern & Co.

Würzig Eingelegtes ist meist lange haltbar und spendiert faden Gerichten so richtig Pep. Daher gehören Oliven, Kapern, getrocknete Tomaten, Gewürzgurken etc. in jeden Vorrat.

### 6 | Fertigteige

Fertiger Pizza- oder Blätterteig aus dem Kühlregal muss nicht erst lange geknetet werden und dann noch eine Weile ruhen. Blitzschnell belegt wandern diese Teige sofort in den heißen Ofen. Das ist nicht nur praktisch, sondern schmeckt auch noch hervorragend.

### 7 | Instant-Couscous

Den Rekord als praktischste Beilage überhaupt hält Instant-Couscous: Einfach in kochende Fleisch-oder Gemüsebrühe einrühren, einige Minuten quellen lassen, fertig! Die Quellzeit kann man nutzen, um z. B. Gemüse oder Fleisch zuzubereiten.

### 8 | Rote Linsen

Getrocknete Hülsenfrüchte benötigen eine lange Garzeit. Ob Kichererbsen, Bohnen oder Linsen, meist werden sie erst lange eingeweicht, um dann noch bis zu 1 Stunde kochen zu müssen. Die große Ausnahme: Rote Linsen. Sie sind in wenigen Minuten gegart und ein Must-have der Blitzküche.

### 9 | Instant-Polenta

Klassische Polenta braucht ein bisschen Geduld und einen kräftigen Arm – denn sie muss bis zu 40 Minuten ständig gerührt werden. Wenn der Maisgrieß aber vorgekocht und im Anschluss getrocknet wurde, verkürzt sich die Garzeit auf 5 Minuten. Damit zaubern Sie im Handumdrehen leckere Gerichte mit italienischer Note.

## Laugenstangen
### mit Schnittlauchquark

*vegetarische Biergarten-Brotzeit*

Für 2 Personen **1 Bund Schnittlauch** waschen, trocken schütteln und in Röllchen schneiden. **200 g Sahnequark** mit **1 EL Weißweinessig** verrühren, mit **Salz** und **Pfeffer** abschmecken und die Schnittlauchröllchen unterrühren. **1 rote Paprikaschote** putzen, waschen und in Ringe schneiden. **100 g Salatgurke** waschen, in Scheiben schneiden. **2 Laugenstangen** längs aufschneiden, mit dem Quark bestreichen und mit Paprika und Gurke belegen.

## Feldsalat
### mediterran

*mediterraner Blitz-Import*

Für 2 Personen **100 g Feldsalat** waschen und trocken schleudern. **100 g Kirschtomaten** waschen und mit dem Salat, **40 g schwarzen Oliven** und **4 Sardellenfilets** auf zwei Teller verteilen. **80 g festen Ziegenkäse** würfeln und darüberstreuen. Die Salate mit **je 1–2 EL Olivenöl** und **je 2 EL Crema di Balsamico** (s. Tipp S. 119) beträufeln und mit **Salz** und **Pfeffer** würzen. Dazu Baguette servieren.

### Clever tauschen
Den Feldsalat können Sie auch durch **Rucola** oder **jungen Blattspinat** ersetzen.

# Warmer Tortellini-Salat
## mit Artischocken

*absolut partytauglich*

Für 2 Personen reichlich Wasser im Wasserkocher aufkochen. In einen Topf umfüllen,
salzen und darin **250 g frische Tortellini** (Kühlregal) bei mittlerer Hitze nach Packungsangabe
gar ziehen lassen. Inzwischen **1 Bund Rucola**
verlesen, waschen, trocken schütteln, grobe
Stiele entfernen und Blätter grob zerpflücken.
**4 Artischockenherzen** (aus dem Glas) abtropfen lassen, in mundgerechte Stücke schneiden.
Die Nudeln abgießen und abtropfen lassen.
Alles in einer Schüssel mischen, je **2 EL Aceto
Balsamico bianco** und **Olivenöl** dazugeben,
**1 Knoblauchzehe** schälen und dazupressen.
Den Salat mit **Salz** und **Pfeffer** abschmecken.

# Tomatencreme
## mit Ciabatta-Brötchen

*sommerlicher Gaumenschmeichler*

Für 2 Personen **400 g Pizzatomaten** (aus
der Dose) mit **200 ml heißer Gemüsebrühe**
(Instant), **50 g Sahne, 2 TL Honig** und **1 TL
getrockneten Kräutern der Provence** aufkochen. **1 Knoblauchzehe** schälen und dazupressen. **2 Ciabatta-Brötchen** halbieren und
auftoasten. Die Hälften mit je **1 TL Festo alla
genovese** (Fertigprodukt; aus dem Glas) bestreichen und mit **je 1 Scheibe Salami oder
Bergkäse** belegen. Die Tomatensuppe mit **Salz,
Pfeffer** und **Honig** abschmecken und in zwei
Schälchen füllen. Mit den Brötchen servieren.

13

# Kalt aufgetischt

**Es muss nicht immer etwas Warmes sein – auch raffiniert belegte Brote und knackige Salate machen satt und glücklich.**

**Für 2 Personen**

1 Bund Rucola
4 Blätter frischer Salbei
4 Ziegenfrischkäsetaler
  (ca. 100 g)
4 Scheiben Frühstücksspeck
  (Bacon)
4 Feigen oder Pflaumen
1 TL Öl
2 Ciabatta-Brötchen
30 g Knoblauch- oder
  Kräuterbutter (Fertigprodukt;
  Kühlregal)

## Ciabatta mit Ziegenkäse und Feigen

*mediterraner Aromenmix*
*im Bild links | Zubereitung: ca. 15 Min. | Pro Portion: ca. 650 kcal*

1 Den Rucola verlesen, waschen und trocken schleudern, grobe Stiele entfernen. Salbei waschen und trocken tupfen. Je 1 Salbeiblatt auf 1 Käsetaler legen und den Käse mit je 1 Scheibe Speck umwickeln. Die Feigen waschen (Pflaumen zusätzlich entsteinen) und in Scheiben schneiden.

2 In einer Pfanne das Öl erhitzen und die Käsetaler darin bei mittlerer Hitze von beiden Seiten ca. 2 Min. anbraten. Die Brötchen halbieren, kurz auftoasten, mit Butter bestreichen. Rucola und Feigen darauf anrichten. Die Käsetaler nach Belieben halbieren und auf die Brötchenhälften legen.

# Paprika-Rührei-Sandwich

*für Traditionalisten*
*Zubereitung: ca. 20 Min.  |  Pro Portion: ca. 685 kcal*

Für 2 Personen

1 rote Paprikaschote
1 Schalotte  |  4 Eier
50 ml Milch  |  1 EL Öl
1 TL getrockneter Thymian
Salz  |  Pfeffer
6 Scheiben Vollkorn-Toast  |  40 g Butter
3 Scheiben mittelalter Gouda
1 EL TK-Schnittlauchröllchen

1  Paprika halbieren, putzen, waschen und in mundgerechte Stücke schneiden. Schalotte schälen und fein würfeln. Eier aufschlagen und leicht mit der Milch verrühren.

2  Das Öl in einer Pfanne erhitzen. Die Paprikastückchen mit den Schalotten und dem Thymian darin bei mittlerer Hitze unter gelegentlichem Rühren ca. 5 Min. anbraten. Das Ei hinzufügen und am Pfannenboden stocken lassen. Nach 1–2 Min. gelegentlich mit dem Pfannenwender beiseiteschieben, bis das Ei fast vollständig gestockt ist. Mit Salz und Pfeffer würzen.

3  Das Brot toasten und mit Butter bestreichen, 3 Scheiben davon mit dem Käse belegen. Das Rührei auf diese Scheiben verteilen und den Schnittlauch darüberstreuen. Dann die anderen Scheiben daraufklappen, die Brote diagonal halbieren und servieren.

# Sandwich
## mit Knusperkäse

*raffiniert paniert*
*Zubereitung: ca. 20 Min.  |  Pro Portion: ca. 790 kcal*

Für 2 Personen

4 Blätter Kopfsalat  |  4 Blätter frische Minze
6 grüne Oliven (ohne Stein)
4 getrocknete Tomaten in Öl
40 g Kartoffelchips (ohne Geschmacksverstärker)  |  40 g Mehl  |  1 Ei
150 g Halloumi (griechischer Grillkäse)
2 EL Öl  |  2 Baguette-Brötchen
30 g Salatmayonnaise

1  Den Salat und die Minze waschen und trocken schütteln bzw. tupfen. Die Oliven in dünne Ringe schneiden. Die getrockneten Tomaten abtropfen lassen. Die Kartoffelchips zerbröseln, Mehl und Chipsbrösel jeweils auf einen flachen Teller geben. Das Ei in einem tiefen Teller verquirlen. Den Halloumi längs in zwei Scheiben schneiden.

2  Öl in einer Pfanne erhitzen. Halloumi zunächst im Mehl wenden, dann durch das Ei ziehen und schließlich in den Chipsbröseln wenden. In der Pfanne von beiden Seiten bei mittlerer Hitze in ca. 4 Min. goldbraun braten. Auf Küchenpapier abtropfen lassen.

3  Die Brötchen aufschneiden und mit Mayonnaise bestreichen. Die unteren Hälften mit Salat, Tomaten und Minze belegen, Käseschnitzel und Oliven darauf anrichten und die übrigen Brötchenhälften daraufklappen.

# Italo-Obatzda
## mit Paprika-Radieschen-Salat

*bayerisch-italienische Koproduktion* | Zubereitung: ca. 20 Min. | Pro Portion: ca. 810 kcal

**Für 2 Personen**

**Für den Obatzden:**

1 Schalotte
200 g Taleggio (ersatzweise
  reifer Camembert)
100 g Frischkäse
1 EL Aceto Balsamico bianco
1 TL edelsüßes Paprikapulver
Salz | Pfeffer
1 Prise gemahlener Kümmel
  (nach Belieben)
5 Blätter Basilikum

**Für das Dressing:**

3 EL Weißweinessig
1 EL geriebener Meerrettich
  (aus dem Glas)
1 TL scharfer Senf
1 EL flüssiger Honig
4 EL Rapsöl
1 Knoblauchzehe
Salz | Pfeffer

**Für den Salat:**

1 rote Paprikaschote
1 Bund Radieschen
2 Romana-Salatherzen

**Außerdem:**

2 Laugenbrezeln

1 Für den Obatzden die Schalotte schälen und fein würfeln.
Den Käse würfeln und mit Frischkäse, Schalottenwürfeln,
Essig und Paprikapulver in eine Schüssel geben. Mit einer
Gabel alles gründlich vermengen. Mit Salz, Pfeffer und nach
Belieben Kümmel abschmecken. Das Basilikum waschen,
trocken tupfen und in Streifen schneiden. Den Obatzden in
ein Schälchen füllen und mit dem Basilikum bestreuen.

2 Für das Dressing Weißweinessig, Meerrettich, Senf und
Honig verrühren. Nach und nach das Öl dazulaufen lassen.
Den Knoblauch schälen und dazupressen. Mit Salz und
Pfeffer abschmecken.

3 Für den Salat die Paprikaschote halbieren, putzen, waschen
und in schmale Streifen schneiden. Die Radieschen putzen,
waschen und in dünne Scheiben schneiden oder hobeln.
Die Salatherzen zerpflücken, waschen, trocken schleudern
und in mundgerechte Stücke zupfen. Salatzutaten mit dem
Dressing mischen und zusammen mit dem Obatzden und
den Brezeln servieren.

### Getränke-Tipp

Zu diesem Biergartenklassiker passt natürlich ein **Helles** oder ein
**Weißbier.** Wenn Sie eher zum Weinland Italien tendieren, servieren Sie
dazu einen **Pinot Grigio** oder einen **Gavi** aus dem Piemont. Auch **Cidre**
oder **Neuer Süßer** passen hervorragend zu diesem deftigen Schmaus.

# Toast Hawaii »reloaded«

*Klassiker neu interpretiert*
*Zubereitung: ca. 20 Min. | Pro Portion: ca. 470 kcal*

**Für 2 Personen**

50 g Feldsalat | 1/2 Ananas | 2 Tomaten
1 EL Öl | 2 TL Honig | Salz | edelsüßes
Paprikapulver | 80 g geriebener Emmentaler
3 Scheiben Vollkorn-Toast | 30 ml Crema
di Balsamico (s. Tipp S. 119) | 30 g Frischkäse
3 Scheiben Serrano-Schinken

1 Feldsalat waschen und trocken schleudern.
Die Ananas schälen, das Fruchtfleisch zunächst vom harten Strunk schneiden, dann
würfeln. Die Tomaten waschen, halbieren,
die Stielansätze entfernen und das Fruchtfleisch in Spalten schneiden.

2 Das Öl in einer Pfanne erhitzen. Ananasstücke darin bei mittlerer Hitze 3–4 Min.
anbraten, bis sie leicht gebräunt sind. Den
Honig dazugeben und leicht karamellisieren
lassen. Mit Salz und 1 Prise Paprikapulver
würzen. Den Emmentaler über die Ananas
streuen, die Pfanne vom Herd nehmen und
den Käse schmelzen lassen.

3 Das Brot toasten. Feldsalat und Tomaten
auf zwei Teller verteilen. Mit der Crema di
Balsamico beträufeln. Brotscheiben mit
Frischkäse bestreichen, diagonal halbieren.
Den Schinken zerpflücken und darauf verteilen. Toasts auf dem Salat anrichten und
die Ananasstücke darauf verteilen.

# Toast mit pochiertem Ei und Speck

*internationaler Klassiker*
*Zubereitung: ca. 20 Min. | Pro Portion: ca. 570 kcal*

**Für 2 Personen**

100 g junger Blattspinat oder Feldsalat
1 rote Paprikaschote | 30 g Sprossen
(z. B. Alfalfa- oder Senfsprossen) | Salz
6 EL Essig | 2 Eier | 6 Scheiben Frühstücks-
speck (Bacon) | 4 Scheiben Vollkorn-Toast
2 TL Dijon-Senf | Pfeffer

1 Den Spinat oder Feldsalat verlesen, waschen
und trocken schleudern, grobe Spinatstiele
entfernen. Die Paprikaschote waschen,
den Stielansatz und die Kerne entfernen
und das Fruchtfleisch in Ringe schneiden.
Die Sprossen waschen und abtropfen lassen.

2 Für die pochierten Eier in einem Topf
1 l Wasser mit 2 EL Salz und dem Essig
aufkochen. Die Eier einzeln in eine Tasse
aufschlagen und aus geringer Höhe in das
Wasser gleiten lassen. Offen ca. 4 Min. bei
schwacher Hitze sanft kochen lassen, mit
einer Schaumkelle aus dem Wasser heben
und abtropfen lassen.

3 Den Speck ohne Fett in einer Pfanne bei
mittlerer Hitze knusprig auslassen. Das Brot
toasten, mit Senf bestreichen und auf zwei
Teller verteilen. Mit Speck, Paprikaringen
und Spinat belegen, Eier darauf anrichten,
mit Salz und Pfeffer würzen. Die Sprossen
darüberstreuen und die Toasts servieren.

# Roastbeef-Brötchen mit Limetten-Mayo

*köstlich kombiniert* | *Zubereitung: ca. 10 Min.* | *Pro Portion: ca. 395 kcal*

### Für 2 Personen

1 Bio-Limette
60 g leichte Salatmayonnaise
1 Knoblauchzehe
Salz | weißer Pfeffer
1 Staude Chicorée
2 Tomaten
2 Mehrkornbrötchen
8 dünne Scheiben Roastbeef
1/2 Beet Kresse

1 Für die Limetten-Mayo die Limette heiß waschen, trocken reiben, die Schale abreiben und den Saft auspressen. Die abgeriebene Schale und 1 EL Saft mit der Mayonnaise verrühren. Den Knoblauch schälen und dazupressen. Mit Salz, Pfeffer und Limettensaft abschmecken.

2 Chicorée zerpflücken, waschen und trocken schleudern. Die Tomaten waschen und in dünne Scheiben schneiden, dabei die Stielansätze entfernen.

3 Die Brötchen aufschneiden und jede Hälfte mit Mayonnaise bestreichen, dabei etwas Mayonnaise zurückbehalten. Erst den Chicorée, dann die Tomatenscheiben und je 2 Scheiben Roastbeef auf die Brötchenhälften legen. Je einen Klecks Mayonnaise daraufgeben. Die Kresse vom Beet schneiden und darüberstreuen.

### Clever tauschen

Wenn's **preiswerter** sein soll: Die Brötchen schmecken statt mit Roastbeef auch hervorragend mit **gekochtem Schinken** oder **Bergkäse.**

# Salami-Ciabatta mit Pesto-Frischkäse

*mit den Aromen Italiens* | *Zubereitung: ca. 20 Min.* | *Pro Portion: ca. 510 kcal*

**Für 2 Personen**

ca. 4 EL frisch gepresster
  Zitronensaft
4 EL Olivenöl
1 Knoblauchzehe
1 kleiner Zucchino (ca. 200 g)
Salz | Pfeffer
100 g Frischkäse
2 EL Pesto alla genovese
  (Fertigprodukt; aus dem Glas)
1 kleines Bund Rucola
2 kleine Tomaten
2 Ciabatta-Brötchen
12 Scheiben Pfeffer- oder
  Fenchelsalami (ca. 80 g)

1  Für die Marinade je 3 EL Zitronensaft und Öl verrühren, den Knoblauch schälen und dazupressen. Den Zucchino waschen und längs in ca. 1/2 cm dicke Scheiben schneiden. Das restliche Öl in einer Pfanne erhitzen und die Zucchini-scheiben darin bei mittlerer Hitze von beiden Seiten je 1–2 Min. anbraten. Mit der Marinade beträufeln und mit Salz und Pfeffer würzen.

2  Für den Pesto-Frischkäse Frischkäse und Pesto verrühren und mit etwas Zitronensaft abschmecken. Rucola verlesen, waschen und trocken schleudern, grobe Stiele entfernen. Die Tomaten waschen und in dünne Scheiben schneiden, dabei die Stielansätze entfernen.

3  Die Ciabatta-Brötchen nach Belieben auftoasten und halbieren. Untere Hälften dick mit dem Pesto-Frischkäse bestreichen, dann den Rucola darauf verteilen und zuletzt mit Tomaten-, Zucchini- und den zusammengeklappten Salamischeiben belegen. Obere Brothälften auflegen.

1

2

3

# Hähnchen-Pita mit Auberginen

*für Döner-Fans* | *Zubereitung: ca. 30 Min.* | *Pro Portion: ca. 830 kcal*

## Für 2 Personen

3 EL frisch gepresster
  Zitronensaft

3 EL Olivenöl

2 Knoblauchzehen

1 kleine Aubergine (ca. 200 g)

3–4 EL Öl

Salz | Pfeffer

200 g Hähnchenbrustfilet

1 EL Pesto rosso
  (Fertigprodukt; aus dem Glas)

1/2 türkisches Fladenbrot

ca. 1 TL edelsüßes
  Paprikapulver

1 Tomate

1 Romana-Salatherz

60 g Schafkäsecreme
  (Fertigprodukt; s. Tipp)

## Clever selbst machen

Schafkäsecreme bekommen Sie
in jedem türkischen Lebensmittel-
geschäft und bereits in vielen
Supermärkten. Sie kann aber auch
ganz leicht zu Hause hergestellt
werden. Dafür **Schafkäse (Feta)**
einfach mit einer Gabel zerdrücken
und mit der halben Menge **grie-
chischem** oder **türkischem Joghurt**
verrühren. Die Creme kann nach
Belieben mit **Knoblauch, Kräutern,
getrockneten Tomaten** oder **Oliven**
verfeinert werden.

1 Den Backofen auf 250° (Umluft 220°) vorheizen. Für die
Auberginen-Marinade den Zitronensaft mit dem Olivenöl
verrühren, 1 Knoblauchzehe schälen und dazupressen.

2 Die Aubergine waschen, abtrocknen und längs in ca. 1/2 cm
dicke Scheiben schneiden. Je 1 EL Öl in einer großen beschichteten Pfanne erhitzen und je 2–3 Scheiben darin bei
mittlerer Hitze von beiden Seiten je 2–3 Min. anbraten, aus
der Pfanne nehmen und kurz in der Marinade wenden
(**Bild 1**). Mit Salz und Pfeffer würzen.

3 Das Hähnchenfleisch waschen, trocken tupfen und in
mundgerechte Streifen schneiden. Das restliche Öl in der
Pfanne erhitzen und das Fleisch darin bei starker Hitze
von allen Seiten 4–5 Min. anbraten. Dann mit dem Pesto
vermischen (**Bild 2**) und mit Salz und Pfeffer würzen.

4 Währenddessen die Ofentemperatur auf 200° (Umluft 180°)
herunterschalten und das Brot im Backofen ca. 5 Min. auf-
backen. Den restlichen Knoblauch schälen und zum Fleisch
pressen. Mit Salz, Pfeffer und Paprikapulver kräftig würzen.

5 Die Tomate waschen und in dünne Scheiben schneiden,
dabei den Stielansatz entfernen. Das Salatherz zerpflücken,
waschen und trocken schleudern.

6 Das Fladenbrot quer halbieren und jede Hälfte wie ein Brötchen aufschneiden. Die Hälften mit der Schafkäsecreme bestreichen. Untere Brothälften mit Salatblättern, Auberginen
und Tomaten belegen. Fleisch daraufgeben, Brotdeckel auflegen und die Brote gut zusammendrücken (**Bild 3**).

# Steak-Burger mit Maissalat

*Tex-Mex-Hit* | *Zubereitung: ca. 30 Min.* | *Pro Portion: ca. 690 kcal*

## Für 2 Personen

### Für den Dip:

1 frische rote Chilischote
50 g Tomatenmark
2 EL Öl
2 EL Aceto Balsamico bianco
1 EL Zucker
1 TL edelsüßes Paprikapulver
Salz

### Für den Salat:

200 g Gemüsemais
   (aus der Dose)
1 Romana-Salatherz
2 EL schwarze Olivenringe
   (aus dem Glas)
2 EL Aceto Balsamico bianco
2 EL Öl
Salz | Pfeffer

### Außerdem:

1 gelbe Paprikaschote
2 Tomaten
1 kleine rote Zwiebel
1 EL Öl
250 g Rindersteak
Salz | Pfeffer
2 Baguette-Brötchen
1–2 EL leichte Salatmayonnaise

1 Für den Dip die Chili halbieren, entkernen, waschen und fein hacken. Mit Tomatenmark, Öl, Essig, Zucker und Paprikapulver verrühren. Mit 2–3 EL Wasser verdünnen und salzen.

2 Für den Salat den Mais abtropfen lassen, 2 EL abnehmen und beiseitestellen. Das Salatherz zerpflücken, waschen und trocken schleudern. Sechs Blätter für die Burger beiseitelegen, die restlichen Blätter in Streifen schneiden und mit dem Mais und den Oliven in eine Schüssel geben. Mit Essig und Öl vermischen und mit Salz und Pfeffer abschmecken.

3 Die Paprikaschote waschen und putzen, das Fruchtfleisch in dünne Ringe schneiden. Die Tomaten waschen und in dünne Scheiben schneiden, dabei die Stielansätze entfernen. Die Zwiebel schälen und in dünne Ringe schneiden.

4 Das Öl in einer Pfanne erhitzen und das Steak darin anfangs bei starker, dann bei mittlerer Hitze von beiden Seiten je 3–5 Min. anbraten. Mit Salz und Pfeffer würzen, in Alufolie gewickelt kurz ruhen lassen.

5 Brötchen aufschneiden und mit Mayonnaise bestreichen. Die unteren Hälften mit den beiseitegelegten Salatblättern, Paprikaringen und Tomatenscheiben belegen. Reichlich Dip daraufgeben. Das Steak schräg in Scheiben schneiden und darauf dachziegelartig auslegen. Die Zwiebelringe und den beiseitegestellten Mais daraufgeben. Die oberen Brötchenhälften auflegen und die Burger mit dem Salat servieren.

## Clever variieren

Anstelle von Maissalat passen auch **gegrillte Maiskolben** zu den Steak-Burgern. Dafür den Ofen auf 220° vorheizen. 2 küchenfertige Maiskolben in eine ofenfeste Form legen und darin (Mitte, Umluft 200°) unter gelegentlichem Wenden ca. 15 Min. garen. Den Grill dazuschalten und weitere 5 Min. grillen. Etwas Kräuterbutter auf den Kolben schmelzen lassen und die Maiskolben servieren.

# Lachsbrot mit Avocado-Dill-Creme

*knackig frisch*
*Zubereitung: ca. 10 Min. | Pro Portion: ca. 530 kcal*

**Für 2 Personen**

1 kleine Avocado (ca. 250 g) | 60 g Frischkäse
2–3 EL frisch gepresster Zitronensaft
1 TL getrocknete Dillspitzen
Salz | Pfeffer | 50 g Feldsalat
80 g Salatgurke | 4 Scheiben Vollkornbrot
100 g Räucherlachs in Scheiben
1/2 Beet Kresse

1 Für die Avocado-Dill-Creme die Avocado halbieren, entsteinen und das Fruchtfleisch mit einem Löffel herauslösen. Mit Frischkäse und 2 EL Zitronensaft fein pürieren. Den Dill unterrühren und den Dip mit Salz, Pfeffer und Zitronensaft abschmecken.

2 Feldsalat waschen und trocken schleudern. Die Gurke waschen und dann in dünne Scheiben schneiden. Die Brotscheiben dick mit Avocado-Dill-Creme bestreichen, dabei etwas davon zurückbehalten. Den Feldsalat und die Gurkenscheiben darauflegen und den Lachs darauf anrichten.

3 Zum Schluss einen Klecks Creme auf jedes Brot setzen, die Kresse vom Beet schneiden und darüberstreuen.

## Clever variieren
Noch besser schmeckt die Creme, wenn Sie statt getrockneter Dillspitzen **frisch gehackten Dill** nehmen.

# Vollkornbrot mit Wasabi-Forellencreme

*mit Asia-Schärfe*
*Zubereitung: ca. 15 Min. | Pro Portion: ca. 380 kcal*

**Für 2 Personen**

150 g geräucherte Forellenfilets (Kühlregal)
50 g Frischkäse | 1–2 TL Sojasauce
1–2 TL Wasabipaste (ersatzweise Meerrettich aus dem Glas) | 100 g Mungbohnenkeimlinge
4 Radieschen | 100 g Salatgurke | 1 Stange Staudensellerie | 4 Scheiben Vollkornbrot

1 Für die Creme die Hälfte der Forellenfilets mit Frischkäse, 1 TL Sojasauce und 1 gestrichenen TL Wasabipaste pürieren. Mit Sojasauce und Wasabipaste abschmecken.

2 Im Wasserkocher 1/2 l Wasser aufkochen. Über die Keimlinge gießen, 15 Sek. ziehen lassen, in ein Sieb abgießen, kalt abschrecken und abtropfen lassen. Radieschen putzen, waschen und in Stifte schneiden. Die Gurke gründlich waschen und in dünne Scheiben schneiden. Staudensellerie waschen, putzen und in dünne Scheiben schneiden.

3 Forellencreme dick auf die Brote streichen. Mit Gurkenscheiben, Keimlingen und dem Sellerie belegen. Die restlichen Forellenfilets zerpflücken, auf die Brote verteilen und die Radieschenstifte darüberstreuen.

## Luxusvariante
Für edle Anlässe können Sie die Brote noch durch je **1–2 TL Forellenkaviar** aufpeppen.

# Blattsalate
## mit gebratenem Blumenkohl

---

*frischer Sommersalat* | Zubereitung: ca. 30 Min. | Pro Portion: ca. 505 kcal

---

**Für 2 Personen**

250 g Blumenkohl
Salz | 1 Ei
50 g Paniermehl
50 g geriebener Parmesan
100 ml Mineralwasser
100 g griechischer Joghurt
 (ca. 10 % Fett)
2 EL frisch gepresster
 Zitronensaft
Pfeffer
1 Romana-Salatherz
1 Bund Rucola
2 Tomaten
2 Frühlingszwiebeln
2 EL Pinienkerne
2 EL Öl

1  1 l Wasser im Wasserkocher aufkochen. Den Blumenkohl in einzelne Röschen zerteilen. Das Wasser in einen Topf geben, salzen und die Blumenkohlröschen im kochenden Salzwasser 5–7 Min. bei mittlerer Hitze zugedeckt garen. In ein Sieb abgießen, kalt abschrecken und abtropfen lassen.

2  Inzwischen für den Ausbackteig das Ei trennen. Eigelb, Paniermehl, Parmesan und Mineralwasser verrühren und quellen lassen. Für das Dressing Joghurt und Zitronensaft verrühren. Mit Salz und Pfeffer abschmecken.

3  Das Salatherz zerpflücken, den Rucola verlesen und grobe Stiele entfernen. Salate waschen und trocken schleudern. Dann die Salatblätter mundgerecht zerzupfen. Die Tomaten waschen, halbieren, die Stielansätze entfernen und die Tomaten in Spalten schneiden. Frühlingszwiebeln putzen, waschen und in feine Ringe schneiden. Die Pinienkerne in einer Pfanne ohne Fett anrösten, bis sie leicht gebräunt sind. Blattsalate und Tomaten auf zwei Tellern anrichten.

4  Das Eiweiß steif schlagen und unter den Ausbackteig rühren (**Bild 1**), mit Salz würzen. Öl in einer Pfanne erhitzen, den Blumenkohl im Teig wenden und im heißen Öl bei mittlerer Hitze in ca. 4–5 Min. rundum goldbraun braten (**Bild 2**). Auf Küchenpapier abtropfen lassen (**Bild 3**).

5  Den Salat mit dem Dressing beträufeln, die Blumenkohlröschen darauf anrichten und die Pinienkerne und die Frühlingszwiebelringe darüberstreuen. Dazu passt Ciabatta- oder Fladenbrot besonders gut.

# Bunter Salat
## mit Bohnen und Eiern

*proteinreich* | *Zubereitung: ca. 25 Min.* | *Pro Portion: ca. 430 kcal*

**Für 2 Personen**

150 g TK-Brechbohnen
Salz
1 TL getrocknetes,
 gehacktes Bohnenkraut
2 Eier | 1 Schalotte
4 EL Weißweinessig
4 EL Rapsöl
Pfeffer
1 EL Dijon-Senf
1 EL flüssiger Honig
1 TL getrockneter Thymian
1 Knoblauchzehe
 (nach Belieben)
1 rote Paprikaschote
100 g fertige Blattsalat-
 mischung (Kühlregal)
50 g schwarze Oliven

1 1 1/2 l Wasser im Wasserkocher aufkochen. Die Bohnen in einen Topf geben, mit ca. 3/4 l kochendem Wasser übergießen, mit Salz und Bohnenkraut würzen und ca. 10 Min. bei mittlerer Hitze zugedeckt garen. Inzwischen die Eier anstechen, in einem Topf knapp mit dem restlichen heißen Wasser bedeckt 6–7 Min. bei mittlerer Hitze offen kochen, abgießen und kalt abschrecken.

2 Die Bohnen in ein Sieb abgießen, kalt abschrecken und abtropfen lassen. Die Schalotte schälen und fein würfeln. Mit 2 EL Essig und 1 EL Öl verrühren, mit den Bohnen mischen und mit Salz und Pfeffer würzen.

3 Für das Dressing restlichen Essig mit Senf und Honig verrühren, unter Rühren das restliche Öl dazulaufen lassen. Den Thymian unterrühren, mit Salz und Pfeffer würzen. Nach Belieben den Knoblauch schälen und dazupressen.

4 Die Paprika halbieren, putzen, waschen und in Streifen schneiden. Den Salat waschen und trocken schleudern. Die Eier pellen und vierteln. Blattsalat, Paprika, Bohnen und Eier mit den Oliven anrichten und mit dem Dressing beträufeln. Dazu passt Baguette oder Ciabatta-Brot.

### Clever variieren
Wenn Sie sich das Kochen der Bohnen sparen wollen, verwenden Sie für den Salat 150 g **vorgegarte grüne Bohnen, dicke weiße Bohnen oder Kidneybohnen** aus der Dose. Um den deftigen Genuss perfekt zu machen, können Sie Bohnen und Eier noch durch **Speck** ergänzen. Dafür 50 g Schinkenspeckwürfel in einer Pfanne ohne Fett in 4–5 Min. bei mittlerer Hitze knusprig auslassen und über den angerichteten Salat streuen. Vegetarier können die gleiche Menge **Räuchertofu** oder **Seitan** in 1 TL Öl anbraten und mit Salz abschmecken.

# Grüner Salat mit Ricotta-Küchlein

*leichtes Sommergericht*
*Zubereitung: ca. 20 Min. | Pro Portion: ca. 380 kcal*

## Für 2 Personen

1 Bio-Zitrone | 1 Bund Basilikum
125 g Ricotta | 2 EL geriebener Parmesan
1 TL Dijon-Senf | 30 g Speisestärke | 1 Knoblauchzehe | Salz | Pfeffer | 1 Ei | 1/2 Eichblattsalat | 150 g Erdbeeren | ca. 50 ml Crema di Balsamico (s. Tipp S. 119) | 2 EL Öl

1 Für die Küchlein die Zitrone heiß waschen, abtrocknen, die Schale abreiben und den Saft auspressen. Basilikum waschen und trocken schütteln, Blätter abzupfen. Die Hälfte der Blätter in Streifen schneiden und mit Ricotta, Parmesan, Senf, Stärke, 1 EL Zitronensaft und der Zitronenschale mischen. Den Knoblauch schälen, dazupressen. Mit Salz, Pfeffer und Zitronensaft würzen. Das Ei unterrühren

2 Den Blattsalat zerpflücken, waschen, trocken schleudern und in mundgerechte Stücke zupfen. Die Erdbeeren waschen, putzen und halbieren. Salat, Erdbeeren und das restliche Basilikum auf zwei Tellern anrichten und mit Crema di Balsamico beträufeln.

3 Das Öl in einer großen Pfanne erhitzen. Mit zwei Esslöffeln je 1 leicht gehäuften EL der Ricottamasse hineinsetzen. So acht Ricotta-Küchlein bei mittlerer Hitze beidseitig je 2–3 Min. braten, bis sie leicht gebräunt sind. Auf dem Salat anrichten und servieren.

# Herbstsalat mit Obst und Pecorino

*kleine Vitaminbombe*
*Zubereitung: ca. 20 Min. | Pro Portion: ca. 520 kcal*

## Für 2 Personen

1 kleine Zwiebel | 2 EL Apfelessig
1 TL flüssiger Honig | 1 EL Crème fraîche
1 TL Dijon-Senf | 3 EL Rapsöl | Salz | Pfeffer
1 Romana-Salatherz | 100 g Radicchio
2 Kiwis | 100 g blaue kernlose Weintrauben
50 g Pekan- oder Walnusskerne | 50 g Pecorino

1 Fürs Dressing die Zwiebel schälen und fein würfeln. Mit Essig, Honig, Crème fraîche und Senf verrühren, das Öl unter Rühren dazulaufen lassen. Dann das Dressing mit Salz und Pfeffer abschmecken.

2 Die Salate zerpflücken, waschen, trocken schleudern und in mundgerechte Stücke zupfen. Mit dem Dressing mischen und auf zwei Teller verteilen.

3 Kiwis schälen, in dünne Scheiben schneiden. Weintrauben waschen und von den Stielen zupfen. Obst und die Nüsse auf dem Salat verteilen. Den Käse zerbröckeln, darüberstreuen und den Salat servieren. Dazu passt italienische Focaccia oder Baguette.

## Clever tauschen

Der Salat schmeckt auch mit anderen Käsesorten. Verwenden Sie statt Pecorino beispielsweise **reifen Gouda** oder **Gruyère**. Kräftig würzig wird es mit **Gorgonzola**.

# Couscous-Salat
## mit Blutorangen

*fruchtig-herber Genuss* | *Zubereitung: ca. 25 Min.* | *Pro Portion: ca. 275 kcal*

**Für 2 Personen**

200 ml Gemüsebrühe (Instant)
1/2 TL gemahlener Koriander
100 g Couscous
1 Blutorange oder Orange
50 g Radicchio
1 Bund Basilikum
1 EL Weißweinessig
1 TL flüssiger Honig
1/2 TL edelsüßes Paprikapulver
Salz | Pfeffer
50 g Schafkäse (Feta)

1 In einem kleinen Topf die Gemüsebrühe mit dem gemahlenen Koriander aufkochen und den Couscous einrühren. Den Topf vom Herd nehmen und den Couscous zugedeckt ca. 8 Min. ziehen lassen. Den Couscous mit einer Gabel auflockern und zum Abkühlen auf einem mit Backpapier belegten Blech verteilen.

2 Von der Orange die Schale samt weißer Haut mit einem scharfen Messer abschneiden. Die Orange in Scheiben schneiden und diese halbieren, dabei den austretenden Saft auffangen und sichtbare Kerne entfernen. Den Radicchio zerpflücken, waschen, trocken schleudern und in Streifen schneiden. Das Basilikum waschen und trocken schütteln, die Blätter abzupfen.

3 Den aufgefangenen Orangensaft mit dem Essig, Honig und Paprikapulver verrühren und mit dem ausgekühlten Couscous mischen. Mit Salz und Pfeffer abschmecken. Orangenscheiben, Radicchio und die Basilikumblätter unterheben. Den Salat auf zwei Teller verteilen. Den Schafkäse würfeln oder zerbröckeln und darüberstreuen.

### Clever einkaufen

**Couscous** gibt es mittlerweile in allen Supermärkten und auch in Bio-Läden. Wenn Sie den einen oder anderen Euro sparen möchten, lohnt sich der Weg in türkische und nordafrikanische Lebensmittelläden. Dort gibt es Couscous um die Hälfte billiger. Ersatzweise können Sie den Salat auch mit **Bulgur** und **Quinoa** zubereiten. Beachten Sie dann jedoch die unterschiedlichen Garzeiten.

# Rucola-Salat

## mit überbackenem Hähnchenfilet

**macht was her** | *Zubereitung: ca. 25 Min.* | *Pro Portion: ca. 600 kcal*

### Für 2 Personen

2 EL leichte Salatmayonnaise
2 EL Weißweinessig
1 TL mittelscharfer Senf
Salz | Pfeffer | Zucker
1 Stängel Estragon
1 Knoblauchzehe
  (nach Belieben)
200 g Hähnchenbrustfilet
2 EL Öl
1/2 TL edelsüßes Paprikapulver
100 g Vacherin-Käse
  (ersatzweise Taleggio,
  Brie oder Camembert)
100 g Rucola
1 Stange Staudensellerie
80 g schwarze Oliven
30 g Walnusskerne

1 Für das Dressing Mayonnaise, Essig, Senf und 2 EL Wasser verrühren. Mit Salz, Pfeffer und 1 Prise Zucker würzen. Den Estragon waschen und trocken tupfen. Die Blätter vom Stiel zupfen, fein hacken, unter das Dressing rühren. Nach Belieben den Knoblauch schälen und dazupressen.

2 Das Hähnchenbrustfilet waschen und trocken tupfen, dann in sechs gleich große Stücke schneiden. Das Öl in einer Pfanne erhitzen. Die Hähnchenstücke darin bei mittlerer Hitze von beiden Seiten je 3–4 Min. anbraten. Mit Salz, Pfeffer und Paprikapulver würzen. Den Käse ebenfalls in sechs Stücke teilen, auf die Hähnchenstücke legen und zugedeckt bei schwacher Hitze darauf schmelzen lassen.

3 Rucola verlesen, waschen und trocken schleudern, grobe Stiele entfernen. Den Staudensellerie waschen, putzen und in dünne Scheiben schneiden.

4 Rucola, Sellerie und Oliven auf zwei Teller verteilen und mit dem Dressing beträufeln. Die Hähnchenstücke darauf anrichten und mit den Walnusskernen bestreuen. Etwas Pfeffer grob darübermahlen. Den Salat mit Bauernbrot, Ciabatta oder Pumpernickel servieren.

### Clever variieren

Für diesen Salat eignen sich anstelle von Ruccla auch **100 g Feldsalat, junger Blattspinat, Radicchio** oder **Chicorée. 80 g blaue** oder **grüne kernlose Weintrauben, 1 kleine Birne** oder **1 kleiner Apfel** sind eine passende fruchtige Ergänzung.

### Clever tauschen

Wer auf Mayonnaise und Weißweinessig verzichten möchte, kann stattdessen die gleiche Menge **Rapsöl** und **Aceto Balsamico** verwenden. Dann das Dressing jedoch nicht mehr mit Wasser verdünnen.

# Rote-Linsen-Salat
## mit Speck und Zwiebeln

*mediterran-orientalischer Mix*
*Zubereitung: ca. 20 Min. | Pro Portion: ca. 300 kcal*

### Für 2 Personen

1/2 l Gemüsebrühe (Instant)
130 g Rote Linsen | 1 rote Zwiebel
125 g gewürfelter Schinkenspeck (Kühlregal)
2 EL Aceto Balsamico
2 Tomaten | 12 Blätter Basilikum
je 1/2 TL gemahlener Koriander und
Kreuzkümmel | Salz | Pfeffer

1 Die Gemüsebrühe in einem kleinen Topf
  aufkochen, die Linsen in ein Sieb geben,
  waschen, abtropfen lassen und dazugeben.
  Bei schwacher Hitze ca. 8 Min. zugedeckt
  sanft kochen lassen. In ein Sieb abgießen,
  kalt abschrecken und abtropfen lassen

2 Die Zwiebel schälen, halbieren und in Spalten schneiden. Speckwürfel ohne Fett in
  einer Pfanne bei mittlerer Hitze knusprig
  auslassen. Die Zwiebelspalten hinzufügen
  und mitbraten, bis sie glasig sind. Mit dem
  Balsamessig ablöschen, in einer Schüssel mit
  den Linsen mischen.

3 Tomaten waschen und in schmale Spalten
  schneiden, dabei die Stielansätze entfernen.
  Basilikumblätter waschen, trocken tupfen
  und in Streifen schneiden. Die Linsen mit
  Koriander und Kreuzkümmel würzen sowie
  mit Salz und Pfeffer abschmecken. Tomaten
  und Basilikum unterheben.

# Mortadella-
# Carpaccio

*Klassiker ganz neu erfunden*
*Zubereitung: ca. 15 Min. | Pro Portion: ca 375 kcal*

### Für 2 Personen

1 rote Zwiebel | 2 EL Aceto Balsamico bianco
1 EL Rapsöl | 1 frische rote Chilischote
1 EL Kapern (aus dem Glas) | 70 g Gewürz-
gurken (aus dem Glas) | 1 Knoblauchzehe
1–2 TL flüssiger Honig | Pfeffer | Salz
130 g Mortadella in dünnen Scheiben
40 g alter Ziegengouda oder Parmesan am Stück

1 Die Zwiebel schälen und in dünne Ringe
  schneiden. Mit 1 EL Essig und dem Öl verrühren und beiseitestellen.

2 Für das Gurkenrelish die Chilischote halbieren, entkernen, waschen und fein würfeln.
  Die Kapern fein hacken. Die Gewürzgurken
  fein würfeln, alles mischen, Knoblauchzehe
  schälen und dazupressen. 1 TL Honig und
  den restlichen Essig unterrühren, mit Pfeffer,
  Salz und Honig abschmecken.

3 Die Zwiebeln auf zwei Teller verteilen, die
  Mortadella locker darauf anrichten und das
  Relish darauf verteilen. Den Käse darüberhobeln und das Carpaccio servieren. Dazu
  passt Schwarz- oder Roggenbrot.

### Clever variieren

Wenn's keine Mortadella sein soll: Das Carpaccio
schmeckt auch mit **Salami, Bratenaufschnitt** oder
hauchdünn geschnittenem **rohen Schinken.**

# Feldsalat mit Mango und Steakstreifen

*mit Ingwerfrische* | *Zubereitung: ca. 25 Min.* | *Pro Portion: ca. 590 kcal*

## Für 2 Personen

1 Limette
20 g sehr frischer Ingwer
1 EL + 1 TL flüssiger Honig
5 EL Sonnenblumenöl
Salz | Pfeffer
1 EL gehacktes Thai-Basilikum
  (ersatzweise Kerbel oder
  Petersilie)
1 reife Mango
1/2 TL Currypulver
250 g Rindersteak
100 g Feldsalat
30 g Cashewkerne

1 Für das Dressing die Limette auspressen. Ingwer schälen und fein reiben. Mit 2 EL Limettensaft und 1 EL Honig verrühren, 4 EL Öl unter Rühren dazulaufen lassen, mit Salz und Pfeffer würzen und das Thai-Basilikum unterrühren.

2 Die Mango schälen, das Fruchtfleisch zuerst vom Stein, dann in Stifte schneiden. 1 TL Honig, restlichen Limettensaft und Currypulver verrühren. Die Marinade mit der Mango mischen und beiseitestellen.

3 Das restliche Öl in einer Pfanne erhitzen, das Steak darin zunächst bei starker, dann bei mittlerer Hitze je nach Vorliebe von beiden Seiten je 3–5 Min. anbraten. Mit Salz und Pfeffer würzen, in Alufolie wickeln und kurz ruhen lassen.

4 Den Feldsalat waschen und trocken schleudern. Mit den Mangostiften auf zwei Teller verteilen. Mit dem Dressing beträufeln. Das Steak schräg in Scheiben schneiden und darauf anrichten. Mit den Cashewkernen bestreut servieren.

## Clever einkaufen

Dieses Gericht lohnt den Weg in den **Asienladen**. Dort bekommen Sie in der Regel sehr frischen Ingwer, extrareife Mangos und frisches Thai-Basilikum. Auch Limetten und Cashewkerne gehören dort zum Standardrepertoire. Mit Ausnahme des Thai-Basilikums bekommen Sie aber alle Zutaten mittlerweile auch in gut sortierten Supermärkten.

## Warenkunde Thai-Basilikum

Thai-Basilikum ist einer der **charakteristischsten Aromaspender der thailändischen Küche** und würzt dort unter anderem Suppen und Salate. Insbesondere beim berühmten Thai-Curry ist es nicht wegzudenken. Obwohl es eng mit dem europäischen Basilikum verwandt ist, unterscheidet sich das Thai-Basilikum, das in Thailand »Horapa« genannt wird, optisch und geschmacklich deutlich davon. Es schmeckt **süßlich-scharf** mit einer **intensiven Anis-** und einer **leichten Minznote.**

# Marinierter Matjes mit Apfel

*friesisches Abendmahl* | *Zubereitung: ca. 20 Min.* | *Pro Portion: ca. 740 kcal*

**Für 2 Personen**

1 Stängel Petersilie
1 Zwiebel
4 EL Öl
2 EL Zucker
4 EL Apfelessig
1/2 TL scharfer Senf
1 TL rosa Pfefferbeeren
  (Gewürzregal; ersatzweise
  1/2 TL eingelegte grüne
  Pfefferkörner)
4 Matjesfilets
1/2 Kopfsalat
1 säuerlicher Apfel
  (z. B. Boskop)
Pfeffer | Salz

1 Die Petersilie waschen und trocken schütteln, die Blätter abzupfen und in Streifen schneiden. Die Zwiebel schälen, halbieren und in Spalten schneiden.

2 In einer Pfanne 2 EL Öl erhitzen und die Zwiebelspalten darin bei mittlerer Hitze anbraten, bis sie glasig sind. Den Zucker dazugeben, schmelzen und leicht karamellisieren lassen. In einer Schüssel mit Essig, restlichem Öl, Petersilie und Senf mischen. Die Pfefferbeeren grob hacken und dazugeben. Den Matjes in mundgerechte Stücke schneiden und mit der Marinade mischen.

3 Kopfsalat zerpflücken, waschen und trocken schleudern. Den Apfel waschen, halbieren, das Kerngehäuse entfernen und das Fruchtfleisch in dünne Spalten schneiden. Salat und Apfelspalten auf zwei Teller verteilen. Matjes mit Pfeffer und eventuell Salz abschmecken und auf dem Salat anrichten. Dazu passt Roggenbrot.

# Zucchini-Artischocken-Salat mit Garnelen

*mediterraner Kurzurlaub* | *Zubereitung: ca. 20 Min.* | *Pro Portion: ca. 370 kcal*

### Für 2 Personen

3 EL Weißweinessig
1 TL flüssiger Honig
2 TL Ajvar (scharfe Paprika-
   paste; aus dem Glas)
1 Knoblauchzehe
5 EL Sonnenblumenöl
Salz | Pfeffer
1 kleiner Zucchino (ca. 200 g)
100 g fertige Blattsalat-
   mischung (Kühlregal)
4 Artischockenherzen
   (aus dem Glas)
1 Stängel Petersilie
4 eingelegte Peperoni
   (aus dem Glas)
10 rohe geschälte Garnelen
   (ca. 150 g)

1 Für die Vinaigrette 2 EL Essig, Honig und Ajvar verrühren. Knoblauch schälen und dazupressen, 3 EL Öl unterrühren. Mit Salz und Pfeffer abschmecken.

2 Zucchino waschen, putzen und schräg in dünne Scheiben schneiden. Mit dem restlichen Weißweinessig und 1 EL Öl mischen und mit Salz und Pfeffer würzen. Den Blattsalat waschen und trocken schleudern. Die Artischockenherzen abtropfen lassen und je nach Größe halbieren oder vierteln. Die Petersilie waschen und trocken tupfen, die Blätter vom Stiel zupfen. Blattsalat, Zucchinischeiben, Artischocken-herzen, Petersilie und Peperoni auf zwei Teller verteilen und mit der Vinaigrette beträufeln.

3 Die Garnelen waschen und trocken tupfen. Restliches Öl in einer Pfanne erhitzen. Garnelen darin bei mittlerer Hitze 2–3 Min. anbraten. Mit Salz und Pfeffer würzen. Auf dem Salat anrichten und mit Baguette servieren.

# Hauptsache vegetarisch

**Bei diesen schnellen Rezepten spielen frisches Gemüse, aromatische Kräuter und würziger Käse die Hauptrollen.**

## Für 2 Personen

250 g Tagliatelle | Salz
200 g Kirschtomaten
1 kleiner Zucchino (ca. 150 g)
1 kleine Zwiebel
2 Knoblauchzehen
12 Blätter Basilikum
1 EL Öl
100 ml trockener Weißwein
  (z. B. Pinot Grigio)
1 TL getrocknete
  italienische Kräuter
80 g Crème fraîche
Pfeffer | 1–2 TL Honig

## Tagliatelle mit Tomaten-Wein-Sauce

*schmeckt nach Urlaub*
*im Bild links | Zubereitung: ca. 20 Min. | Pro Portion: ca. 755 kcal*

1 Nudeln nach Packungsangabe in reichlich kochendem Salzwasser bissfest garen. Inzwischen Tomaten waschen und abtropfen lassen. Zucchino waschen, putzen und in ca. 1 cm große Würfel schneiden. Zwiebel und Knoblauch schälen und fein würfeln. Die Basilikumblätter waschen, trocken tupfen und in Streifen schneiden.

2 Nudeln in ein Sieb abgießen und abtropfen lassen. Das Öl in einer Pfanne erhitzen und die Zwiebelwürfel darin bei mittlerer Hitze anbraten, bis sie glasig sind. Zucchini und Tomaten dazugeben, unter Rühren ca. 4 Min. anbraten. Mit Wein ablöschen, Knoblauch und italienische Kräuter hinzufügen, ca. 3 Min. bei schwacher Hitze sanft kochen lassen. Crème fraîche unterrühren, mit Salz, Pfeffer und Honig würzen. Nudeln, Sauce und Basilikum mischen. Auf zwei Teller verteilen und servieren.

# Penne alla **Primavera**

*frisches Frühlingsgericht* | *Zubereitung: ca. 20 Min.* | *Pro Portion: ca. 670 kcal*

**Für 2 Personen**

200 g Penne
Salz | 1 Möhre
100 g Zuckerschoten
2 Stangen Staudensellerie
2 Frühlingszwiebeln
100 g Salatgurke
100 g Frischkäse
50 g Sahne
100 ml Gemüsebrühe (Instant)
2–3 EL frisch gepresster
  Zitronensaft
Pfeffer
ca. 1 TL Honig
30 g Parmesan am Stück

1 Die Penne nach Packungsangabe in reichlich kochendem Salzwasser bissfest garen. Inzwischen die Möhre schälen, in dünne Scheiben schneiden. Die Zuckerschoten waschen. Beides in kochendem Salzwasser 1–2 Min. blanchieren, kalt abschrecken und abtropfen lassen.

2 Den Staudensellerie und die Frühlingszwiebeln waschen, putzen und in dünne Scheiben bzw. Ringe schneiden. Die Gurke waschen und in ca. 1 cm große Würfel schneiden.

3 Die Nudeln in ein Sieb abgießen und abtropfen lassen. Dann in den Nudeltopf Frischkäse, Sahne und Brühe geben und aufkochen. Möhren, Zuckerschoten, Sellerie, Gurkenwürfel und 2 EL Zitronensaft hinzufügen und ca. 2 Min. bei schwacher Hitze sanft kochen lassen. Mit Salz, Pfeffer, Zitronensaft und Honig abschmecken. Die Penne und die Frühlingszwiebeln unterheben, auf zwei Teller verteilen und den Parmesan darüberhobeln.

### Clever variieren

In Streifen geschnittene **Bärlauchblätter** oder **Kresse** geben den Nudeln zusätzliche Würze.

### Sommer-Variante

Wer dieses frische Frühlingsgericht auch im Sommer genießen möchte, kann es ganz leicht in **Penne d'estate** (sommerliche Penne) abwandeln. Verwenden Sie dafür statt Zuckerschoten, Staudensellerie und Frühlingszwiebeln **200 g Kirschtomaten** und **1 Bund Basilikum.** Die Tomaten waschen und halbieren. Basilikum waschen und trocken schütteln, die Blätter abzupfen. Die Tomaten mit dem restlichen Gemüse wie im Rezept beschrieben in die Frischkäsesauce geben. Das Basilikum zuletzt anstelle der Frühlingszwiebeln unterheben.

# Spaghetti mit Pistazien-Pesto

*mediterraner Aromenmix* | *Zubereitung: ca. 20 Min.* | *Pro Portion: ca. 890 kcal*

## Für 2 Personen

250 g Spaghetti | Salz
50 g Pistazienkerne
2 Bund Basilikum
1 Bund Kerbel
2 Knoblauchzehen
50 g Parmesan am Stück
100 ml Rapsöl | Pfeffer
2 EL Kapern (aus dem Glas)
50 g schwarze Oliven
  (ohne Stein)

### Clever aufbewahren

Fürs Rezept braucht man nur die Hälfte des Pestos – die größere Menge lässt sich aber leichter herstellen. **Übriges Pesto** hält sich mit Öl bedeckt im Kühlschrank ca. 1 Woche.

1 Die Spaghetti nach Packungsangabe in reichlich kochendem Salzwasser bissfest garen. Inzwischen für das Pesto die Pistazien in einer Pfanne ohne Fett anrösten, bis sie leicht gebräunt sind. Die Kräuter waschen und trocken schütteln. Die Blätter abzupfen, zehn Basilikumblätter beiseitelegen, die restlichen Kräuter grob hacken. Den Knoblauch schälen und in feine Würfel schneiden. 30 g Parmesan fein reiben. Pistazien, Knoblauch, Kräuter und geriebenen Parmesan mit dem Öl im Standmixer oder mit dem Stabmixer fein pürieren. Mit Salz und Pfeffer abschmecken.

2 Vom Nudel-Kochwasser 1 Tasse abnehmen, dann die Pasta in ein Sieb abgießen, kurz abtropfen lassen und zurück in den Topf geben. Mit der Hälfte des Pestos, den Kapern und den Oliven mischen, eventuell noch etwas Kochwasser hinzufügen. Mit Salz und Pfeffer abschmecken. Die Spaghetti auf zwei Teller verteilen, je noch einen kleinen Klecks Pesto daraufsetzen, die übrigen Basilikumblätter darüberstreuen und den restlichen Parmesan darüberreiben.

# Pasta mit grünem Spargel und Ziegenfrischkäse

*edel und schnell* | *Zubereitung: ca. 25 Min.* | *Pro Portion: ca. 715 kcal*

### Für 2 Personen

400 g grüner Spargel
1 TL Zucker | Salz
200 g Spaghetti | 1 Bio-Limette
2 Knoblauchzehen
40 g getrocknete Tomaten in Öl
30 g Butter | Pfeffer
80–100 g Ziegenfrischkäse
1 Beet Kresse

### Clever tauschen

Sie können für das Gericht auch **Brokkoli** nehmen: 300 g TK-Brokkoli in kochendes Salzwasser geben, aufkochen, bei mittlerer Hitze in ca. 3 Min. bissfest garen, abseihen, kalt abschrecken, abtropfen lassen. Wie in Step 3 beschrieben weiterverwenden.

1 1 l Wasser im Wasserkocher aufkochen. Den Spargel putzen. Das heiße Wasser mit Zucker und 1/2 TL Salz in einen Topf geben und den Spargel darin bei mittlerer Hitze ca. 10 Min. zugedeckt kochen. Die Spaghetti nach Packungsangabe in reichlich kochendem Salzwasser bissfest garen.

2 Inzwischen die Limette heiß waschen, trocken reiben, die Schale abreiben und den Saft auspressen. Knoblauch schälen und in Scheiben schneiden. Tomaten abtropfen lassen und in schmale Streifen schneiden. Spargel und Spaghetti in je ein Sieb abgießen, Spargel kalt abschrecken und beides abtropfen lassen. Spargel in mundgerechte Stücke schneiden.

3 Die Butter im Nudeltopf zerlassen. Limettenschale und Knoblauch darin kurz andünsten. Die Nudeln, den Spargel und die Tomaten in der Butter schwenken. Mit Salz, Pfeffer und Limettensaft abschmecken. Auf zwei Teller verteilen, je 1–2 EL Ziegenfrischkäse daraufsetzen, die Kresse vom Beet schneiden, darüberstreuen und die Pasta servieren.

# Gnocchi mit Radicchio
## und Austernpilzen

*feiner Import aus Norditalien* | *Zubereitung: ca. 25 Min.* | *Pro Portion: ca. 490 kcal*

**Für 2 Personen**

400 g frische Gnocchi
(Kühlregal)
Salz | 50 g Rosinen
200 g Austernpilze
150 g Radicchio
2 Schalotten
2 Knoblauchzehen
2 EL Öl
1 TL getrocknete italienische
Kräuter
Pfeffer
2–3 EL Aceto Balsamico

1 Die Gnocchi nach Packungsangabe in reichlich kochendem Salzwasser bissfest garen. Die Rosinen in heißem Wasser ca. 5 Min. einweichen, dann in ein Sieb abgießen und abtropfen lassen. Die Gnocchi ebenfalls in ein Sieb abgießen und abtropfen lassen.

2 Inzwischen die Pilze putzen und in Streifen schneiden. Den Radicchio zerpflücken, waschen, trocken schleudern und in Streifen schneiden. Die Schalotten und die Knoblauchzehen schälen und fein würfeln.

3 In einer Pfanne 1 EL Öl erhitzen. Gnocchi darin 4–5 Min. bei mittlerer Hitze anbraten, bis sie leicht gebräunt sind, und wieder aus der Pfanne nehmen. Das restliche Öl in die Pfanne geben, Pilze und Schalottenwürfel mit den Kräutern darin bei mittlerer Hitze 3–4 Min. anbraten.

4 Rosinen, Knoblauch und Gnocchi hinzufügen und kurz mitbraten. Mit Salz, Pfeffer und dem Aceto Balsamico abschmecken. Die Radicchiostreifen unterrühren. Gnocchi auf zwei Teller verteilen und servieren.

### Clever ergänzen

Dieses Gericht kann nach Belieben durch verschiedene Käsesorten ergänzt werden. **100 g gewürfelter Halloumi** sollte bereits mit den Pilzen angebraten werden. Alternativ können Sie **100 g gewürfelten schnittfesten Ricotta** auf dem fertigen Gericht anrichten oder ganz klassisch **20–30 g Parmesan** darüberhobeln.

# Lauwarmer Nudel-salat mit Minze

*Frisches für heiße Tage*
*Zubereitung: ca. 20 Min. | Pro Portion: ca. 605 kcal*

**Für 2 Personen**

200 g Farfalle | Salz
100 g Datteltomaten
1 Bund Minze | 100 g Schafkäse (Feta)
50 g Kapern (aus dem Glas)
2 EL Aceto Balsamico bianco
2 EL Rapsöl | Pfeffer | ca. 1 TL flüssiger Honig
1 Knoblauchzehe (nach Belieben)

1 Die Farfalle nach Packungsangabe in reichlich kochendem Salzwasser bissfest garen.

2 Inzwischen die Tomaten waschen und halbieren. Die Minze waschen, trocken schütteln, die Blätter abzupfen und in Streifen schneiden. Den Schafkäse zerbröckeln. Farfalle in ein Sieb abgießen, kalt abschrecken und abtropfen lassen.

3 Die Nudeln mit Tomaten, Minze, Schafkäse und Kapern mischen. Essig und Öl dazugeben, mit Salz, Pfeffer und Honig würzen. Nach Belieben den Knoblauch schälen und dazupressen. Den Salat noch ca. 5 Min. durchziehen lassen und servieren.

## Clever servieren

Dieser Salat kann auch gut in **größeren Mengen** z. B. für ein Büfett hergestellt werden. Die Minze sollte dann jedoch erst kurz vor dem Servieren unter den Salat gemischt werden.

# Chili-Nuss-Nudeln mit Paprika

*schön scharf*
*Zubereitung: ca. 25 Min. | Pro Portion: ca. 790 kcal*

**Für 2 Personen**

250 g Spaghetti | Salz
1 rote Paprikaschote
2 frische grüne Chilischoten
2 Knoblauchzehen | 1 EL Öl
50 g gehobelte Haselnüsse
30 g Butter | Pfeffer
1 EL gehackte TK-Petersilie

1 Spaghetti nach Packungsangabe in reichlich kochendem Salzwasser bissfest garen.

2 Inzwischen die Paprika halbieren, putzen, waschen und in schmale Streifen schneiden. Chilischoten halbieren, entkernen, waschen und fein würfeln. Den Knoblauch schälen und ebenfalls fein würfeln.

3 Das Öl in einer Pfanne erhitzen und die Paprikastreifen darin 3–4 Min. bei mittlerer Hitze anbraten. Wieder aus der Pfanne nehmen und beiseitestellen. Die Nüsse in die Pfanne geben und leicht anrösten. Butter, Chili und Knoblauch hinzufügen und darin erhitzen. Spaghetti in ein Sieb abgießen und abtropfen lassen.

4 Die Nudeln und die Paprikastreifen in die Pfanne geben, alles gut vermischen. Salzen und pfeffern, auf zwei Tellern anrichten und mit der Petersilie bestreut servieren.

# Rucola-Mandel-Reis
## mit Pfifferlingen

*für Fans der feinen Hütchenträger* | *Zubereitung: ca. 25 Min.* | *Pro Portion: ca. 550 kcal*

**Für 2 Personen**

Salz
1 Kochbeutel 10-Minuten-
  Reis (125 g)
1 Bund Rucola
40 g Parmesan am Stück
30 g Mandelblättchen
250 g Pfifferlinge
1 Zwiebel
1 Knoblauchzehe
100 g Kirschtomaten
20 g Butterschmalz
1–2 TL Honig
Pfeffer
ca. 1 EL Aceto Balsamico bianco

1 1 l Wasser im Wasserkocher aufkochen, in einen Topf geben, salzen und den Reis darin bei schwacher bis mittlerer Hitze ca. 10 Min. zugedeckt sanft kochen lassen, bis er gar ist.

2 Inzwischen den Rucola verlesen, waschen und trocken schütteln, grobe Stiele entfernen, die Blätter klein zupfen. Den Parmesan grob reiben. Die Mandeln in einer Pfanne ohne Fett leicht anrösten.

3 Den Reis abgießen und abtropfen lassen, in eine Schüssel geben und leicht abkühlen lassen.

4 Die Pilze mit Küchenpapier säubern. Nur Pilze mit viel anhaftender Erde waschen und trocken tupfen. Die Zwiebel und den Knoblauch schälen und fein würfeln. Die Tomaten waschen und halbieren.

5 Das Butterschmalz in einer Pfanne erhitzen und die Pilze darin bei starker Hitze unter gelegentlichem Wenden ca. 3 Min. anbraten. Die Temperatur reduzieren, Zwiebelwürfel, Knoblauch, Tomaten und 1 TL Honig dazugeben und alles weitere 3–4 Min. braten. Das Gemüse mit Salz, Pfeffer und Honig abschmecken.

6 Den Reis mit Parmesan, Rucola und Mandeln mischen. Die Mischung mit Salz, Pfeffer und Essig würzen. Reis und Pilze auf zwei Tellern anrichten und servieren.

### Clever tauschen

**Pfifferlinge** haben im Sommer und Frühherbst Saison. Außerhalb dieser Zeit sind die ganzjährig erhältlichen **Champignons** oder **Austernpilze** ein mehr als guter Ersatz!

# Zitronenreis mit Auberginengemüse

*mit orientalischer Note*
*Zubereitung: ca. 25 Min. | Pro Portion: ca. 500 kcal*

### Für 2 Personen

180 g Langkornreis | Salz | 1 TL gemahlene Kurkuma | 1 Aubergine (ca. 400 g) | 2 EL Öl
80 g Tomatenmark | 100 ml Weißwein
(z. B. trockener Weißburgunder oder Riesling; ersatzweise Gemüsebrühe)
2–3 TL Honig | 1 TL gemahlener Koriander
1 Msp. Zimtpulver | Pfeffer | 1 Bio-Zitrone

1 Den Reis mit der doppelten Menge Salzwasser und der Kurkuma aufkochen und bei schwacher Hitze 15–20 Min. offen sanft kochen lassen, bis das Wasser vollständig verkocht und der Reis gar ist.

2 Inzwischen die Aubergine waschen, putzen, längs halbieren, quer in Scheiben schneiden. Öl in einer Pfanne erhitzen, die Auberginen darin bei mittlerer Hitze ca. 10 Min. anbraten, dabei ab und zu umrühren.

3 Tomatenmark, Wein, 70 ml Wasser, 2 TL Honig, Koriander und Zimt verrühren, salzen und pfeffern. Zu den Auberginen geben, ca. 2 Min. bei schwacher Hitze sanft kochen lassen, mit Salz und Honig abschmecken.

4 Zitrone heiß waschen, abtrocknen, Schale abreiben, Saft auspressen. Schale unter den Reis heben, mit Zitronensaft würzen. Alles auf zwei Tellern anrichten und servieren.

# Basmati-Grünspargel-Risotto

*Crossover-Küche*
*Zubereitung: ca. 25 Min. | Pro Portion: ca. 660 kcal*

### Für 2 Personen

500 g grüner Spargel | 1 Zwiebel
1 Bio-Limette | 1/2 l Gemüsebrühe (Instant)
300 ml Kokosmilch | 2 TL grüne Currypaste
30 g Butter | 180 g Basmatireis
50 g Cashewkerne | Salz | Pfeffer
1 EL Thai-Basilikum in Streifen (nach Belieben)

1 Spargel putzen, waschen, längs halbieren und in ca. 3 cm lange Stücke schneiden. Zwiebel schälen und fein würfeln. Limette heiß waschen, trocken reiben, von einer Hälfte die Schale abreiben und den Saft auspressen, die andere Hälfte halbieren. Brühe, Kokosmilch und Currypaste in einem Topf erhitzen, bei schwacher Hitze warm halten.

2 Die Butter in einem großen Topf zerlassen, Zwiebelwürfel darin anschwitzen. Spargel, Reis und Cashewkerne dazugeben und bei mittlerer Hitze 1–2 Min. mitbraten.

3 Nach und nach die Brühe zum Reis geben, bei mittlerer Hitze unter Rühren verkochen lassen. Auf diese Weise ca. 10 Min. offen kochen. Restliche Brühe und Limettenschale hinzufügen und 2–3 Min. zugedeckt ruhen lassen. Mit Salz, Pfeffer und Limettensaft würzen. Auf zwei Tellern mit den Limettenvierteln anrichten. Nach Belieben mit dem Thai-Basilikum bestreuen.

# Kürbiskern-Polenta mit Spitzkohl

*tolle Kombi*
*Zubereitung: ca. 25 Min. | Pro Portion: ca. 520 kcal*

### Für 2 Personen

250 g Spitzkohl | 125 g braune Champignons
2 Schalotten | 20 g Kürbiskerne | 150 ml Milch
Salz | 70 g Instant-Polenta | 20 g Butter
1–2 TL frisch gepresster Zitronensaft
Pfeffer | 1 EL Öl | 50 ml trockener Weißwein
(z. B. Chardonnay; ersatzweise Gemüsebrühe)
80 g Sahne | 2 TL gekörnte Gemüsebrühe
1 EL Aceto Balsamico | 1 TL Speisestärke

1  Spitzkohl putzen, waschen und in Streifen
   schneiden. Die Pilze putzen und in Scheiben
   schneiden. Schalotten schälen, fein würfeln.

2  Für die Polenta Kürbiskerne ohne Fett anrösten, bis sie leicht gebräunt sind (**Bild 1**).
   Leicht abgekühlt mit einem Wiegemesser
   grob hacken (**Bild 2**). 150 ml Wasser und die
   Milch mit etwas Salz aufkochen. Polenta einrühren (**Bild 3**). Unter Rühren ca. 2 Min. bei
   mittlerer Hitze kochen. Butter und Kürbiskerne hinzufügen. Mit Zitronensaft, Salz und
   Pfeffer würzen. Zugedeckt beiseitestellen.

3  Öl in einer großen Pfanne erhitzen. Gemüse
   darin 4–5 Min. bei mittlerer Hitze anbraten.
   Wein mit Sahne, Brühe, Essig und Stärke verrühren, übers Gemüse gießen, bei schwacher
   bis mittlerer Hitze offen sanft kochen lassen,
   bis die Sauce leicht andickt. Salzen, pfeffern
   und alles auf zwei Tellern anrichten.

# Quinoa mit buntem Gemüse

*bärlauchwürzig*
*Zubereitung: ca. 25 Min. | Pro Portion: ca. 370 kcal*

### Für 2 Personen

2 TL gekörnte Gemüsebrühe | 100 g Quinoa
80 g Crème fraîche | 70 g Joghurt
1 TL Dijon-Senf | 6 Blätter Bärlauch
(ersatzweise 1 Bund Schnittlauch)
Salz | Pfeffer | ca. 1 EL frisch gepresster
Zitronensaft | 1 kleiner Zucchino (ca. 200 g)
200 g Kohlrabi | 1 Möhre | 1 EL Öl

1  300 ml Wasser im Wasserkocher aufkochen
   und mit der gekörnten Brühe anrühren.
   Den Quinoa in einem Topf mit der Brühe
   bei mittlerer Hitze 15–18 Min. offen kochen.

2  Inzwischen für den Dip Crème fraîche mit
   Joghurt und Senf verrühren. Der Bärlauch
   waschen, trocken tupfen und in Streifen
   schneiden, die Hälfte unter den Dip rühren.
   Mit Salz, Pfeffer und Zitronensaft würzen.

3  Den Zucchino waschen und in Scheiben
   schneiden. Den Kohlrabi schälen und klein
   würfeln. Die Möhre schälen und schräg in
   dünne Scheiben schneiden. Das Öl in einer
   Pfanne erhitzen. Das Gemüse darin 3–4 Min.
   bei mittlerer Hitze anbraten. Der Quinoa
   in ein Sieb abgießen, abtropfen lassen, zum
   Gemüse geben und 2–3 Min. mitbraten.
   Alles mit Salz und Pfeffer würzen, mit dem
   Dip auf zwei Tellern anrichten und mit dem
   restlichen Bärlauch bestreuen.

# Weißwein-Kartoffeln
## mit mariniertem Ziegenkäse

*wärmendes Wintergericht* | *Zubereitung: ca. 25 Min.* | *Pro Portion: ca. 455 kcal*

### Für 2 Personen

#### Für die Weißwein-Kartoffeln:

500 g festkochende Kartoffeln
1 Zwiebel | 10 g Butter
200 ml heiße Gemüsebrühe
  (Instant)
40 g getrocknete Tomaten
4 Blätter Endiviensalat
  (ersatzweise Chicorée)
100 ml trockener Weißwein
  (z. B. Grauburgunder, Riesling
  oder Chardonnay)
Salz | Pfeffer

#### Für den Ziegenkäse:

1 frische rote Chilischote
100 g Ziegengouda
1 TL getrockneter Thymian
1 EL Öl | 1 Knoblauchzehe
Pfeffer

### Clever tauschen

Nicht minder aromatisch, jedoch optisch ungewohnt sind **Rotwein-Kartoffeln.** Dafür den Weißwein einfach durch einen **trockenen Rotwein,** z. B. Bordeaux oder Rioja, ersetzen. Verwenden Sie dann wegen der farblichen Übereinstimmung zusätzlich **Radicchio**statt der **Endivienblätter.**

1 Für die Weißwein-Kartoffeln die Kartoffeln und die Zwiebel schälen. Kartoffeln ca. 1 cm groß würfeln, Zwiebel fein würfeln. Butter in einem Topf erhitzen, Kartoffeln und Zwiebeln darin 1–2 Min. anbraten. Die Gemüsebrühe dazugeben und ca. 10 Min. bei mittlerer Hitze offen sanft kochen lassen.

2 Derweil für den marinierten Ziegenkäse die Chili halbieren, entkernen, waschen und fein würfeln. Den Ziegengouda entrinden und würfeln. Mit der Chili, dem Thymian und dem Öl verrühren. Den Knoblauch schälen und dazupressen. Den Käse mit Pfeffer abschmecken.

3 Für die Weißwein-Kartoffeln die Tomaten fein würfeln. Die Endivienblätter waschen, trocken schütteln und in ca. 1 cm breite Streifen schneiden. Die Tomaten und den Wein zu den Kartoffeln geben. Alles erneut aufkochen und ca. 5 Min. bei schwacher Hitze offen sanft kochen lassen, bis die Kartoffelwürfel weich sind.

4 Die Kartoffeln mit Salz und Pfeffer abschmecken und die Hälfte der Endivienstreifen unterheben. Die Weißwein-Kartoffeln auf tiefe Teller verteilen, Ziegenkäse und restliche Endivienstreifen darauf anrichten und servieren.

### Clever einkaufen und lagern

Um Geld zu sparen, lohnt es sich, **Kartoffeln in größeren Mengen** zu kaufen. Wenn diese nun nicht mehrere Tage in Folge auf dem Speiseplan stehen sollen, kommt es auf die richtige Lagerung an. Kartoffeln sollten, damit sie nicht keimen und keine giftigen grünen Stellen bekommen, möglichst **kühl, dunkel und luftig** gelagert werden, etwa in einem **zugedeckten Holzkorb im Keller.** Vermeiden Sie die Nähe von Äpfeln, da das von ihnen verströmte Reifegas Ethen die Kartoffeln zum Keimen anregt.

# Rösti-Burger
## mit Apfel-Feta-Tatar

---

*vitaminreich*
*Zubereitung: ca. 25 Min. | Pro Portion: ca. 540 kcal*

### Für 2 Personen

1 kleine rote Zwiebel | 1 kleiner säuerlicher Apfel (z. B. Boskop) | 100 g Schafkäse (Feta) 1 EL Apfelessig | Salz | Pfeffer | 1 rote Paprikaschote | 100 g Salatgurke | 600 g große festkochende Kartoffeln | 1 EL Mehl | 4 EL Öl

1 Für das Apfel-Feta-Tatar Zwiebel schälen, fein würfeln. Apfel schälen, halbieren, ohne Kerngehäuse fein würfeln. Schafkäse fein würfeln. Alles mischen und den Essig dazugeben. Tatar salzen und pfeffern.

2 Paprikaschote waschen, ohne Stielansatz und Kerne in dünne Ringe schneiden. Gurke waschen, in dünne Scheiben schneiden.

3 Kartoffeln schälen, auf der Küchenreibe grob reiben. Das Mehl untermischen, salzen. Mit den Händen acht etwa handtellergroße ca. 1 cm dicke Küchlein formen, gut aus- und zusammendrücken. Öl in einer Pfanne erhitzen. Darin nacheinander je vier Rösti bei mittlerer Hitze zunächst 2–3 Min. pro Seite braten, dann nochmals wenden und pro Seite ca. 1 Min. goldbraun braten. Rösti auf Küchenpapier abtropfen lassen. Je zwei Rösti nebeneinander auf zwei Teller legen. Die Gurkenscheiben und die Paprikaringe darauflegen, das Tatar darauf verteilen. Die übrigen Rösti daraufsetzen.

# Kartoffel-Curry
## mit Roten Linsen

---

*ganz einfach*
*Zubereitung: ca. 30 Min. | Pro Portion: ca. 470 kcal*

### Für 2 Personen

1/2 l heiße Gemüsebrühe (Instant) 200 ml Kokosmilch | 1–2 EL Currypulver 400 g große festkochende Kartoffeln 1 Zwiebel | 1 grüne Paprikaschote 30 g Mandelblättchen | 70 g Rote Linsen 60 g Rosinen | Salz | 1–2 EL Mango-Chutney (Fertigprodukt; aus dem Glas)

1 Brühe, Kokosmilch und 1 EL Currypulver in einem Topf aufkochen. Kartoffeln schälen und in dünne Scheiben schneiden. Zwiebel schälen und in Spalten schneiden. Beides in die kochende Brühe geben und bei mittlerer Hitze ca. 8 Min. offen sanft kochen lassen.

2 Inzwischen Paprika halbieren, putzen, waschen und mundgerecht schneiden. Mandeln ohne Fett hellbraun anrösten. Paprikastücke, Linsen und Rosinen zu den Kartoffeln geben. Weitere 8–12 Min. offen sanft kochen lassen, bis Linsen und Kartoffeln gar sind.

3 Das fertige Curry mit Salz, Currypulver und Mango-Chutney abschmecken. Auf zwei tiefe Teller verteilen, mit den Mandelblättchen bestreuen und servieren.

### Clever tauschen

Brokkoli-Fans verwenden statt der grünen Paprikaschote **200 g Brokkoliröschen.**

---

# Spinat-Feta-Omelett mit Tomaten-Salsa

*auch zum Frühstück fein*
*Zubereitung: ca. 20 Min. | Pro Portion: ca. 390 kcal*

### Für 2 Personen

200 g TK-Blattspinat | 1 rote Zwiebel
250 g Kirschtomaten | je 1 TL edelsüßes und
rosenscharfes Paprikapulver | Salz | Pfeffer
100 g Schafkäse (Feta) | 1 Packung
TK-Kräutermischung »Italienische Kräuter«
1 Knoblauchzehe | 4 Eier | 1 EL Öl
1–2 EL frisch gepresster Zitronensaft

1 Den Spinat in einem Topf bei mittlerer Hitze zugedeckt auftauen lassen. Inzwischen für die Salsa die Zwiebel schälen und fein würfeln. Die Tomaten waschen und vierteln. Beides in einer Schüssel mischen, Paprikapulver dazugeben, kräftig salzen und pfeffern.

2 Den Spinat vom Herd nehmen und ausgetretenes Wasser abgießen. Den Schafkäse zerbröckeln und mit den Kräutern zum Spinat geben, den Knoblauch schälen und dazupressen. Die Eier aufschlagen und mit dem Spinat verrühren. Salzen und pfeffern.

3 Öl in einer Pfanne erhitzen. Eiermasse darin 4–5 Min. bei mittlerer Hitze braten, bis sie gestockt und an der Unterseite gebräunt ist. Mithilfe eines flachen Tellers oder Pfannendeckels wenden und weitere 3–4 Min. braten. Omelett mit etwas Zitronensaft beträufeln, halbieren und auf zwei Teller verteilen. Salsa darauf verteilen und mit Brot servieren.

# Asia-Wraps

*Fingerfood mit Asia-Touch*
*Zubereitung: ca. 25 Min. | Pro Portion: ca. 440 kcal*

### Für 2 Personen

100 g Frischkäse | 3 EL süße Chilisauce
Salz | Pfeffer | 100 g Mungbohnenkeimlinge
1 rote Paprikaschote | 100 g Räuchertofu
(Kühlregal) | 1 EL Öl | 100 g Ananasstücke
(abgetropft; aus der Dose) | 1–2 EL frisch
gepresster Zitronensaft | ca. 2 EL Sojasauce
4 Pfannkuchen (Fertigprodukt; Kühlregal)

1 Für den Dip Frischkäse und Chilisauce verrühren, salzen und pfeffern. Die Keimlinge mit kochendem Wasser überbrühen, 15 Sek. ziehen lassen, abgießen, abtropfen lassen. Die Paprika halbieren, putzen, waschen und in schmale Streifen schneiden.

2 Den Tofu würfeln. Das Öl in einer Pfanne erhitzen. Tofu und Paprika darin bei mittlerer Hitze 2–3 Min. anbraten. Die Keimlinge und Ananasstücke hinzufügen, mit Zitronensaft und Sojasauce würzen.

3 Die Pfannkuchen nach Packungsangabe erhitzen. Jeweils mit Dip bestreichen, die Gemüse-Tofu-Mischung darauf verteilen und die Pfannkuchen fest zusammenrollen. Auf zwei Teller verteilen und servieren.

## Clever selber machen

Für **selbst gemachte Pfannkuchen** 80 g Mehl, 70 ml Mineralwasser, 70 ml Milch und 1 Ei verquirlen. Salzen, pfeffern. Ca. 5 Min. quellen lassen. 1–2 EL Öl in einer Pfanne erhitzen, nacheinander darin bei mittlerer Hitze in je 3–5 Min. zwei Pfannkuchen backen.

# Minestrone mit Spitzkohl

*Deftiges aus Italien* | *Zubereitung: ca. 25 Min.* | *Pro Portion: ca. 305 kcal*

## Für 4 Personen

4–5 TL gekörnte Gemüsebrühe
1 Zwiebel
2 Knoblauchzehen
200 g Spitzkohl
20 g Butter
2 EL Olivenöl
200 g TK-Suppengemüse
100 g Orecchiette oder
  Muschelnudeln
2 Tomaten
100 g dicke weiße Bohnen
  (aus der Dose)
Salz | Pfeffer
50 g Pesto alla genovese
  (Fertigprodukt; aus dem Glas)

**1** 1,2 l Wasser im Wasserkocher aufkochen, in eine Schüssel geben und die Gemüsebrühe einrühren. Zwiebel und Knoblauch schälen, Zwiebel in Spalten, Knoblauch in Scheiben schneiden. Den Spitzkohl putzen, waschen, den harten Strunk entfernen und die Blätter in Streifen schneiden.

**2** Butter und Olivenöl in einem Topf erhitzen. Die Zwiebeln, den Knoblauch und das Suppengemüse darin braten, bis die Zwiebeln glasig sind. Die Brühe angießen, aufkochen, die Nudeln dazugeben und bei schwacher Hitze ca. 5 Min. offen sanft kochen lassen.

**3** Inzwischen die Tomaten waschen und in mundgerechte Stücke schneiden, dabei die Stielansätze entfernen. Die Bohnen in ein Sieb geben, kalt abspülen und abtropfen lassen. Die Tomaten, den Spitzkohl und die Bohnen zur Suppe geben und alles weitere 5–7 Min. offen sanft kochen lassen, bis die Nudeln bissfest sind.

**4** Die Suppe mit Salz und Pfeffer abschmecken. Auf vier tiefe Teller verteilen und je einen Klecks Pesto daraufsetzen. Dazu passen geröstete Ciabatta- oder Baguettescheiben.

### Clever variieren

**Zucchini, grüne Bohnen** oder **Pilze** sind eine willkommene Ergänzung in der italienischen Allround-Suppe. Die Nudeln können Sie durch **Reis** oder **Linsen** ersetzen. Achten Sie dann auf die unterschiedlichen Garzeiten und fügen Sie Gemüse, Reis oder Linsen entsprechend früher oder später hinzu. Oder geben Sie bereits gegarte Linsen bzw. Reis in die fertige Suppe. Statt Spitzkohl wird in Italien gerne **Weißkohl** oder **Wirsing** verwendet. Wenn keine Vegetarier am Tisch sitzen, verleihen **Fleischbrühe** und 1 mitgekochte Scheibe **Speck** der Minestrone zusätzliche Würze.

# Kürbissuppe
## mit Pastinaken

*Highlight im Herbst*
*Zubereitung: ca. 25 Min. | Pro Portion: ca. 350 kcal*

### Für 2 Personen

400 ml Gemüsebrühe (Instant) | 200 ml Apfel-
saft | 2 Lorbeerblätter | 300 g Hokkaido-
Kürbis | 1 Pastinake (ca. 150 g) | 1 Zwiebel
30 g Butter | 50 g Sahne | Salz | Pfeffer
2–3 EL Aceto Balsamico | Zimt- und Sternanis-
pulver (nach Belieben) | 4 Apfelchips

1  Die Gemüsebrühe mit dem Apfelsaft und
   den Lorbeerblättern in einen Topf geben,
   aufkochen. Inzwischen Kürbis waschen und
   die Kerne herauskratzen. Unschöne Haut-
   stellen wegschneiden, ansonsten braucht
   der Hokkaido nicht geschält zu werden.
   Das Kürbisfruchtfleisch würfeln. Pastinake
   und Zwiebel schälen und fein würfeln.

2  Das Gemüse und die Butter in die Brühe
   geben, bei mittlerer Hitze 10–12 Min. offen
   sanft kochen lassen. Die Lorbeerblätter entfernen. Die Suppe mit dem Stabmixer fein
   pürieren. Die Sahne unterrühren und die
   Suppe mit Salz, Pfeffer und Aceto Balsamico
   abschmecken. Nach Belieben mit einer Prise
   Zimt und Sternanis würzen. Die Suppe auf
   zwei tiefe Teller verteilen, die Apfelchips grob
   zerbröseln und darüberstreuen.

### Clever tauschen

Statt Apfelsaft können Sie auch **Cidre** verwenden
und den Rest der Flasche als Getränk dazu reichen.

# Erbseneintopf
## mit Räuchertofu

*deftig und trotzdem leicht*
*Zubereitung: ca. 20 Min. | Pro Portion: ca. 290 kcal*

### Für 2 Personen

1 Zwiebel | 1 Knoblauchzehe
1 Stange Lauch
1 mehligkochende Kartoffel (ca. 80–100 g)
1/2 l Gemüsebrühe (Instant)
300 g TK-Erbsen
1 TL gehacktes Bohnenkraut
150 g Räuchertofu | 2 EL Sahne
ca. 1 EL Aceto Balsamico bianco
ca. 1 TL Ingwerpulver | Salz | Pfeffer

1  Die Zwiebel und den Knoblauch schälen
   und fein würfeln. Den Lauch putzen, in
   dünne Ringe schneiden, waschen und in
   einem Sieb abtropfen lassen. Die Kartoffel
   schälen und fein reiben.

2  Die Brühe aufkochen. Erbsen, Zwiebeln,
   Knoblauch, Kartoffeln und Bohnenkraut dazugeben und ca. 5 Min. offen sanft kochen
   lassen. Inzwischen den Tofu würfeln.

3  Tofu und Lauch zur Suppe geben und alles
   weitere 5 Min. offen sanft kochen lassen.
   Die Sahne unterrühren. Suppe mit Essig,
   Ingwerpulver, Salz und Pfeffer abschmecken.

### Clever tauschen

Der aus Weizen hergestellte **Seitan** ist mit seiner
festen Konsistenz und dem würzigen Geschmack
ein guter Ersatz für den Tofu.

# Heiß auf Fisch und Fleisch

**Fix gebraten oder sanft gedünstet – saftige Steaks und zarte Fischfilets sind die flinken Superstars der Blitzschnell-Küche.**

## Für 2 Personen

1 Aubergine (ca. 300 g)
3 EL Öl
250 g TK-Blattspinat
1 Zwiebel
2 Knoblauchzehen
200 g gemischtes Hackfleisch
1 TL edelsüßes Paprikapulver
1 TL getrocknete italienische
   Kräuter
Salz | Pfeffer
100 g Schafkäse (Feta)
50 g Sahne
1 Prise Muskatnuss
ca. 1 EL frisch gepresster
   Zitronensaft
2 Tomaten

## Auberginen-Türmchen

*kunstvoll gestapelt*
*im Bild links | Zubereitung: ca. 25 Min. | Pro Portion: ca. 650 kcal*

1 Aubergine waschen und längs in sechs Scheiben schneiden. Je drei Scheiben nacheinander pro Seite in in 2 EL Öl in je 2–3 Min. bei mittlerer bis starker Hitze goldbraun braten, herausnehmen. Spinat in einem Topf auftauen und erhitzen. Zwiebel und Knoblauch schälen, fein würfeln. Mit Hackfleisch, Paprikapulver und den Kräutern vermengen, salzen und pfeffern. Vier möglichst flache Frikadellen daraus formen. Restliches Öl in der Pfanne erhitzen, Frikadellen darin pro Seite ca. 2 Min. bei mittlerer bis starker Hitze braten.

2 Den Käse zerbröckeln und mit der Sahne zum Spinat geben. Mit Salz, Pfeffer, Muskatnuss und Zitronensaft würzen. Die Tomaten waschen, ohne Stielansätze in dünne Scheiben schneiden. Je eine Auberginenscheibe auf zwei Teller legen. Je ein Viertel des Spinats, eine Frikadelle und je ein Viertel der Tomaten daraufgeben, mit einer Auberginenscheibe zudecken. Den Vorgang wiederholen.

# Schweinefilet
## mit grünem Spargelsalat

**macht was her** | *Zubereitung: ca. 30 Min.* | *Pro Portion: ca. 485 kcal*

---

### Für 2 Personen

500 g grüner Spargel
Salz
1 EL Pinienkerne
80 g Kirschtomaten
1 Bio-Zitrone
1 frische rote Chilischote
300 g Schweinefilet
1 Zweig Rosmarin
1 EL Butterschmalz
Pfeffer
50 ml trockener Weißwein
   (z. B. Riesling; ersatzweise
   Fleischbrühe)
80 g Crème fraîche
1 EL eingelegte grüne
   Pfefferkörner
1 EL Butter

1 Den Spargel waschen, putzen und eventuell im unteren Drittel schälen. Die Spargelstangen in kochendem Salzwasser bei mittlerer Hitze in ca. 10 Min. zugedeckt bissfest garen. Inzwischen die Pinienkerne in einer Pfanne ohne Fett hellbraun anrösten und herausnehmen.

2 Die Tomaten waschen und halbieren. Die Zitrone heiß waschen und trocken reiben. Die Schale abreiben, den Saft auspressen. Die Chilischote halbieren, entkernen, waschen und fein würfeln. Spargel in ein Sieb abgießen, kalt abschrecken und abtropfen lassen. Je nach Länge dritteln oder halbieren.

3 Das Filet in ca. 2 cm dicke Medaillons schneiden. Den Rosmarin waschen und trocken tupfen. Das Butterschmalz in einer Pfanne erhitzen. Die Medaillons darin mit dem Rosmarin je 2–3 Min. pro Seite bei mittlerer bis starker Hitze hellbraun anbraten. Mit Salz und Pfeffer würzen, aus der Pfanne nehmen und zugedeckt beiseitestellen. Etwas Butterschmalz abschöpfen. Den Bratensatz mit Wein ablöschen, kurz aufkochen, Crème fraîche und die Pfefferkörner einrühren. Die Sauce mit Salz abschmecken.

4 Die Butter in einer Pfanne zerlassen, Zitronenschale und Chilischote hinzufügen und den Spargel und die Tomaten darin schwenken, bis sie leicht erwärmt sind. Pinienkerne dazugeben, mit Salz, Pfeffer und Zitronensaft abschmecken. Auf zwei Tellern die Medaillons mit der Sauce anrichten und daneben den Salat arrangieren.

# Minutensteaks mit Radicchio

*blitzschnell* | *Zubereitung: ca. 15 Min.* | *Pro Portion: ca. 560 kcal*

**Für 2 Personen**

100 g Radicchio
50 g grüne kernlose
  Weintrauben
4 Minutensteaks (ca. 300 g)
Salz | Pfeffer
1 EL Öl
50 ml trockener Rotwein
  (z. B. Chianti oder Nero
  d'Avola; ersatzweise
  Traubensaft)
3 EL Aceto Balsamico
20 g Butter
2 TL Honig
30 g Parmesan am Stück

1 Den Radicchio zerpflücken, waschen, trocken schleudern und in breite Streifen schneiden. Die Weintrauben waschen und von den Stielen zupfen.

2 Die Steaks trocken tupfen und mit Salz und Pfeffer würzen. Das Öl in einer Pfanne erhitzen. Die Steaks darin auf jeder Seite bei mittlerer bis starker Hitze 1–2 Min. braten. Auf zwei vorgewärmten Tellern warm halten.

3 Den Bratensatz mit Wein und Aceto Balsamico ablöschen und mit Butter und Honig aufkochen. Den Radicchio und die Trauben dazugeben und ca. 1 Min. in der Pfanne bei starker Hitze schwenken. Mit Salz und Pfeffer abschmecken. Radicchio neben den Steaks auf den Tellern anrichten und den Parmesan darüberhobeln. Zu den Minutensteaks passen Gnocchi oder Baguette.

# Lammsteaks mit Thymian-Pesto

*Urlaubsfeeling garantiert!* | Zubereitung: ca. 20 Min. | Pro Portion: ca. 580 kcal

**Für 2 Personen**

1 Stängel Petersilie
2 Zweige Thymian
50 ml + 2 EL Olivenöl
1 EL geriebener Parmesan
1 TL Honig
1 TL Weißweinessig
Salz | Pfeffer
4 Tomaten
1 rote Zwiebel
1 Knoblauchzehe
2 Lammsteaks (à ca. 180 g)

1 Die Kräuter waschen und trocken schütteln, die Blätter bzw. Blättchen abzupfen. Mit einem Wiegemesser fein hacken. Mit 50 ml Olivenöl, Parmesan, Honig und Essig verrühren und das Pesto mit Salz und Pfeffer abschmecken.

2 Die Tomaten waschen und in Scheiben schneiden, dabei die Stielansätze entfernen. Die Zwiebel schälen und in Ringe schneiden. Die Tomaten auf zwei Tellern jeweils in einer Reihe dachziegelartig auslegen und die Zwiebelringe darauf verteilen. Mit 1 EL Olivenöl beträufeln, salzen und pfeffern.

3 Knoblauch schälen und in Scheiben schneiden. Restliches Öl in einer Pfanne erhitzen, die Lammsteaks darin bei mittlerer bis starker Hitze beidseitig je ca. 3 Min. braten. Knoblauch hinzufügen und kurz mitbraten. Steaks mit Salz und Pfeffer würzen, mit etwas Pesto bestreichen. In Alufolie gewickelt kurz ruhen lassen, quer halbieren und auf dem Tomaten-salat anrichten. Teller mit restlichem Pesto beträufeln und die Steaks servieren. Dazu passt Fladenbrot oder Baguette.

# Scaloppine mit Rucola
## und Tomaten

*italienischer Klassiker* | *Zubereitung: ca. 25 Min.* | *Pro Portion: ca. 615 kcal*

**Für 2 Personen**

1 Bund Rucola
2 Stängel Basilikum
10 Datteltomaten
3 dünne Kalbsschnitzel
   (à ca. 120 g)
Salz | Pfeffer
1–2 EL Speisestärke
2 Bio-Zitronen
1 EL Butterschmalz
50 ml trockener Weißwein
   (z. B. Frascati; ersatzweise
   Gemüsebrühe)
20 g Butter
1/2 Ciabatta-Brot
Meersalz oder Fleur de Sel

1  Den Backofen auf 100° (Umluft 90°) vorheizen. Den Rucola verlesen, waschen und trocken schleudern, grobe Stiele entfernen. Das Basilikum waschen und trocken schütteln, die Blätter abzupfen. Die Tomaten waschen und längs halbieren. Die Schnitzel quer halbieren und zwischen zwei Lagen Frischhaltefolie flach klopfen (**Bild 1**). Mit Salz und Pfeffer würzen und mit Speisestärke bestäuben.

2  Zitronen heiß waschen, trocken reiben. Von 1 Zitrone die Schale abreiben (**Bild 2**) und den Saft auspressen. Butterschmalz in einer großen Pfanne erhitzen und die Schnitzel darin portionsweise bei mittlerer bis starker Hitze auf jeder Seite je 1–2 Min. braten. Herausnehmen und zugedeckt im Backofen warm halten. Den Bratensatz mit dem Weißwein ablöschen (**Bild 3**). Butter, Zitronenschale und Zitronensaft unterrühren, mit Salz und Pfeffer abschmecken.

3  Die zweite Zitrone in Spalten schneiden. Das Brot in sechs dünne Scheiben schneiden und toasten. Je drei getoastete Brotscheiben mit Rucola, Basilikum und Tomaten auf zwei Tellern anrichten. Je 3 Schnitzelchen darauflegen, mit der Sauce beträufeln und mit Zitronenspalten garnieren. Die Schnitzel mit Meersalz oder Fleur de Sel bestreuen.

### Clever variieren

Wenn Ihnen Kalbsschnitzel zu exklusiv sind, können Sie das Gericht mit dünnen **Schweinesteaks** oder **Hähnchenschnitzeln** zubereiten. Wenn Sie die Schnitzel mit etwas frischem **Salbei** anbraten, erhalten diese eine unvergleichliche Würze.

# Gewürz-Couscous mit Putenstreifen

*mit den Aromen des Orients*
*Zubereitung: ca. 25 Min. | Pro Portion: ca. 710 kcal*

**Für 2 Personen**

1 Zwiebel | 1 Knoblauchzehe | 1 Möhre
1 Apfel | 100 g Trockenpflaumen
300 g Putenbrust | 2 EL Öl | 1 EL Zucker
je 1 TL gemahlener Koriander und Kurkuma
1 Msp. Zimtpulver | Salz | 100 g Couscous
30 g Mandelblättchen | 1/4 l heiße Hühnerbrühe (Instant) | Pfeffer | 1–2 EL Aceto Balsamico

1 Zwiebel und Knoblauch schälen, fein würfeln. Möhre schälen und in dünne Scheiben schneiden. Apfel schälen, halbieren, ohne Kerngehäuse fein würfeln. Pflaumen in Scheiben schneiden. Das Fleisch trocken tupfen und in schmale Streifen schneiden.

2 Öl in einer Pfanne erhitzen, Zwiebeln darin glasig anbraten. Die Putenstreifen dazugeben und unter gelegentlichem Rühren bei mittlerer Hitze ca. 4 Min. braten. Äpfel, Möhren, Pflaumen und Knoblauch hinzufügen und ca. 3 Min. mitbraten. An den Rand schieben und den Zucker in der Mitte der Pfanne leicht karamellisieren lassen, mit Koriander, Kurkuma, Zimt und Salz würzen.

3 Couscous und Mandeln hinzufügen, alles gut verrühren, die Brühe angießen. Die Pfanne vom Herd nehmen, den Couscous zugedeckt 6–8 Min. ziehen lassen. Mit Salz, Pfeffer und Aceto Balsamico abschmecken.

# Warmer Puten-Gemüse-Salat

*ganz einfach*
*Zubereitung: ca. 25 Min. | Pro Portion: ca. 455 kcal*

**Für 2 Personen**

3 EL Aceto Balsamico | 1 TL Dijon-Senf
2 TL flüssiger Honig | 5 EL Rapsöl | Salz
Pfeffer | 1 rote Zwiebel | 1 gelbe Paprikaschote | 150 g Champignons | 1 Stängel
Petersilie | 300 g Putenbrust | 1 Bund Rucola
ca. 1 EL frisch gepresster Zitronensaft

1 Aceto Balsamico, Senf und Honig verrühren, 4 EL Öl unter Rühren dazulaufen lassen. Mit Salz und Pfeffer abschmecken.

2 Die Zwiebel schälen, in Spalten schneiden. Die Paprika halbieren, putzen, waschen und in mundgerechte Stücke schneiden. Die Pilze putzen und halbieren. Die Petersilie waschen und trocken schütteln, die Blätter abzupfen. Die Putenbrust waschen, trocken tupfen und in Streifen schneiden. Den Rucola verlesen, waschen und trocken schleudern, grobe Stiele entfernen.

3 Das restliche Öl in einer Pfanne erhitzen. Die Zwiebeln darin anbraten. Die Putenstreifen hinzufügen und bei mittlerer Hitze unter Rühren ca. 3 Min. anbraten. Paprika und Pilze dazugeben, weitere 5 Min. braten. Petersilie unterheben, mit Pfeffer, Salz und Zitronensaft abschmecken. Rucola auf zwei Teller verteilen, Fleisch und Gemüse darauf anrichten und mit Dressing beträufeln.

# Überbackene Hähnchenschnitzel

*zartschmelzender Genuss* | *Zubereitung: ca. 25 Min.* | *Pro Portion: ca. 840 kcal*

**Für 2 Personen**

40 g Pinienkerne
150 g Bulgur
300 ml Gemüsebrühe (Instant)
20 g Butter
2 Tomaten
4 getrocknete Aprikosen
1 Schalotte
2 EL Öl
1/2 TL rosenscharfes
  Paprikapulver
Salz | Pfeffer
1/2–1 TL Honig
80 g Mozzarella
2 Hähnchenbrustfilets
  (à ca. 150 g)
1 TL getrockneter Salbei

1 Die Pinienkerne in einer Pfanne ohne Fett anrösten, bis sie leicht gebräunt sind. In einem kleinen Topf den Bulgur mit der Gemüsebrühe aufkochen und bei mittlerer Hitze 8–10 Min. offen kochen lassen, bis die Brühe verdampft ist. Vom Herd nehmen, die Butter auf dem Bulgur schmelzen lassen, die Pinienkerne untermischen und zugedeckt ziehen lassen, bis die Schnitzel fertig sind.

2 Inzwischen den Backofengrill einschalten. Für die Sauce die Tomaten waschen, halbieren, entkernen und ohne Stielansätze würfeln. Die Aprikosen würfeln. Schalotte schälen und fein würfeln. 1 EL Öl in einem Topf erhitzen und die Schalotten darin anbraten. Tomaten- und Aprikosenwürfel dazugeben und ca. 2 Min. bei mittlerer Hitze mitbraten. Das Paprikapulver dazugeben und die Sauce mit Salz, Pfeffer und Honig abschmecken. Den Mozzarella in Scheiben schneiden.

3 Die Hähnchenfilets waschen und trocken tupfen. In einer ofenfesten Pfanne das restliche Öl erhitzen. Das Fleisch darin zusammen mit dem Salbei von jeder Seite jeweils 3–4 Min. bei mittlerer Hitze anbraten. Mit Salz und Pfeffer würzen. Die Tomaten-Aprikosen-Mischung darauf verteilen und mit dem Mozzarella belegen. Im Backofen unter dem Grill 3–4 Min. überbacken, bis der Käse geschmolzen ist. Die Hähnchenschnitzel mit dem Bulgur servieren.

## Warenkunde Bulgur

Bulgur ist gegarte und wieder getrocknete **Hartweizengrütze** Diese Vorbehandlung erklärt die im Vergleich zu Weizenkörnern **viel kürzere Zubereitungszeit.** Eine ähnlich kurze Garzeit hat vorgegarter **Zartweizen**, der sich hier auch als Beilage eignet

# Zander mit Tomaten-Fenchel-Gemüse

*edler Fisch ganz fix* | *Zubereitung: ca. 25 Min.* | *Pro Portion: ca. 335 kcal*

**Für 2 Personen**

1 Zwiebel
3 Knoblauchzehen
250 g Fenchel
2 Zanderfilets mit Haut
  (à ca. 125 g)
1 EL frisch gepresster
  Zitronensaft
2 EL Butterschmalz
100 ml trockener Weißwein
  (z. B. Weißburgunder;
  ersatzweise Gemüsebrühe)
400 g stückige Tomaten
  (aus der Dose)
40 g schwarze Oliven
Salz | Pfeffer
1–2 TL Honig

1 Die Zwiebel und den Knoblauch schälen und fein würfeln. Den Fenchel putzen, waschen, längs halbieren, den harten Strunk entfernen und den Rest in dünne Streifen schneiden. Fisch waschen, trocken tupfen, mit Zitronensaft beträufeln.

2 1 EL Butterschmalz in einem Topf erhitzen und die Fenchelstreifen mit den Zwiebeln darin anbraten. Den Knoblauch hinzufügen, ca. 1 Min. bei schwacher Hitze mitbraten und mit dem Wein ablöschen. Etwas verkochen lassen, Tomaten hinzufügen und ca. 5 Min. bei schwacher bis mittlerer Hitze offen sanft kochen lassen.

3 Inzwischen übriges Butterschmalz in einer Pfanne erhitzen und den Fisch auf der Hautseite 2–3 Min. bei starker Hitze kräftig anbraten, bis er gebräunt ist. Oliven zum Gemüse geben. Das Gemüse mit Salz, Pfeffer und Honig würzen. Den Fisch mit der Hautseite nach oben aufs Gemüse legen und zugedeckt bei schwacher Hitze 3–4 Min. gar ziehen lassen. Den Fisch salzen und pfeffern, mit dem Gemüse auf zwei Tellern anrichten. Dazu passt Baguette oder Reis.

# Seelachs-Sticks mit Meerrettich-Dip

*Luxus-Fischstäbchen* | *Zubereitung: ca. 25 Min.* | *Pro Portion: ca. 670 kcal*

**Für 2 Personen**

1 Zucchino (ca. 250 g)
5 Blätter frische Minze
(ersatzweise Basilikum)
2 EL Apfelessig
1 EL Rapsöl | 2 TL Zucker
Salz | Pfeffer
80 g Joghurt
1 EL leichte Salatmayonnaise
1 EL Sahnemeerrettich
(aus dem Glas)
2 EL frisch gepresster
Zitronensaft
300 g Seelachsfilet
40 g Mehl | 1 Ei
50 g Cornflakes
2 EL Sesamsamen | 3 EL Öl

1 Den Zucchino waschen, putzen und auf der Küchenreibe in dünne Scheiben hobeln. Die Minze waschen, trocken tupfen und fein hacken. Essig, Rapsöl und 1 TL Zucker verrühren, mit Salz und Pfeffer abschmecken. Zucchinischeiben und Minze mit der Marinade mischen.

2 Für den Meerrettich-Dip Joghurt, Mayonnaise, Meerrettich, 2 TL Zitronensaft und den restlichen Zucker verrühren und mit Salz und Pfeffer abschmecken. Den Fisch waschen und trocken tupfen. In Fischstäbchenform schneiden, mit dem restlichen Zitronensaft beträufeln, salzen und pfeffern.

3 Mehl auf einen Teller geben, das Ei in einem tiefen Teller verquirlen, Cornflakes zerbröseln und mit dem Sesam auf einem dritten Teller mischen. Öl in einer Pfanne erhitzen. Den Fisch im Mehl wenden, durch das Ei ziehen und in der Cornflakes-Mischung wenden. Im heißen Öl bei mittlerer Hitze pro Seite in je 3–4 Min. goldbraun braten, auf Küchenpapier abtropfen lassen. Mit Zucchini und Dip servieren.

# Kabeljau mit Basilikumsahne

*zitronig frisch* | *Zubereitung: ca. 30 Min.* | *Pro Portion: ca. 685 kcal*

## Für 2 Personen

500 g festkochende Kartoffeln
3 EL Öl
2 EL Butterschmalz
1 Bund Basilikum
1 Schalotte
1 Bio-Zitrone
250 g aufgetautes
 TK-Kabeljaufilet
50 ml trockener Weißwein
 (z. B. Riesling; ersatzweise
 Fischfond)
2 EL Crème fraîche
100 g Sahne
1 TL Honig
Salz | Pfeffer
1/2–1 TL edelsüßes
 Paprikapulver

1 Für die Zitronen-Kartoffeln die Kartoffeln schälen und in ca. 1 cm große Würfel schneiden. 2 EL Öl und das Butterschmalz in einer Pfanne erhitzen und die Kartoffelwürfel darin bei mittlerer Hitze unter gelegentlichem Wenden 17–20 Min. braten, bis sie goldbraun und gar sind.

2 Inzwischen das Basilikum waschen, trocken schütteln, die Blätter abzupfen und in Streifen schneiden. Die Schalotte schälen und fein würfeln. Die Zitrone heiß waschen und trocken reiben, die Schale abreiben, den Saft auspressen. Den Fisch kalt abspülen und trocken tupfen.

3 Das restliche Öl in einer Pfanne erhitzen und die Schalotten darin glasig anschwitzen. Mit dem Wein ablöschen. Crème fraîche, Sahne, Honig und die Zitronenschale dazugeben. Sauce mit Salz würzen. Die Fischfilets hineinlegen und zugedeckt bei mittlerer Hitze ca. 8 Min. dünsten, bis der Fisch gar ist. Die Sauce mit Salz, Pfeffer und etwas Zitronensaft abschmecken, das Basilikum darüberstreuen.

4 Kartoffeln in einer Schüssel mit Küchenpapier abtropfen lassen. Mit Salz, Pfeffer, Paprikapulver und dem Zitronensaft abschmecken. Kartoffeln und Fisch mit der Basilikumsahne auf zwei Tellern anrichten und servieren.

## Clever tauschen

Wenn es noch etwas schneller gehen soll, wählen Sie statt Kartoffeln eine andere Beilage. Mit **Basmatireis, 10-Minuten-Kochbeutelreis** oder **Tagliatelle** aus dem Kühlregal reduziert sich die Zubereitungszeit auf etwa 20 Min. Als Ersatz für den Kabeljau können Sie auch **Alaska-Seelachs** oder **Zander** verwenden. Achten Sie aber der Umwelt zuliebe generell darauf, dass der Fisch aus nachhaltigem Fischfang (s. Tipp S. 113) stammt.

# Limetten-Risotto
## mit Chili-Garnelen

*Italo-Thai-Connection* | *Zubereitung: ca. 30 Min.* | *Pro Portion: ca. 605 kcal*

**Für 2 Personen**

1 Bio-Limette
2 Schalotten
2 Knoblauchzehen
200 g rohe geschälte Garnelen
1 frische rote Chilischote
3/4 l Gemüsebrühe (Instant)
30 g Butter
130 g Risottoreis
2 EL Öl
Salz | Pfeffer
3 EL geriebener Parmesan

1 Die Limette heiß waschen und trocken reiben, die Schale abreiben und den Saft auspressen. Die Schalotten und den Knoblauch schälen und fein würfeln. Die Garnelen kalt abspülen und trocken tupfen. Die Chili halbieren, entkernen, waschen und fein würfeln.

2 Die Brühe in einem Topf erhitzen und bei schwacher Hitze knapp unter dem Siedepunkt halten. 20 g Butter in einem Topf erhitzen. Die Schalotten und die Hälfte des Knoblauchs darin unter Rühren glasig braten. Den Reis hinzufügen und unter Rühren bei mittlerer Hitze kurz mitbraten (**Bild 1**). Nach und nach einige Kellen Brühe dazugeben (**Bild 2**), unter gelegentlichem Rühren bei mittlerer Hitze immer wieder verkochen lassen. So fortfahren, bis der Reis knapp gar und die Brühe aufgebraucht ist.

3 Inzwischen in einer Pfanne das Öl erhitzen und die Garnelen darin bei starker Hitze ca. 3 Min. anbraten. Die Hitze drosseln, dann den restlichen Knoblauch und die Chili hinzufügen. Mit Salz und Pfeffer würzen.

4 Parmesan, restliche Butter und Limettenschale unter den Risotto rühren (**Bild 3**). Mit Salz, Pfeffer und Limettensaft abschmecken und auf zwei Tellern anrichten. Die Garnelen darauflegen und den Risotto servieren.

## Getränke-Tipp

Ein erfrischender **Lassi** mildert die Chilischärfe der Garnelen ab. Für 2 Personen 2 Becher Ayran (türkischer gesalzener Trinkjoghurt) mit 10 gewaschenen Basilikumblättern aufmixen und mit ca. 1 EL Limettensaft und nach Belieben etwas Pfeffer abschmecken.

# Brokkoli-Schinken-Pastasotto

*Nudeln nach Risotto-Art* | *Zubereitung: ca. 30 Min.* | *Pro Portion: ca. 790 kcal*

## Für 2 Personen

1 Zwiebel
2 Knoblauchzehen
300 g Brokkoli
2 Frühlingszwiebeln
150 g gekochter Schinken
  am Stück
50 g Parmesan am Stück
650 ml Gemüsebrühe (Instant)
40 g Butter
200 g Nudeln (Fusilli,
  Casarecce oder Gemelli)
100 ml trockener Weißwein
  (z. B. Pinot Grigio oder Gavi)
Salz | Pfeffer

1 Die Zwiebel und den Knoblauch schälen und fein würfeln. Den Brokkoli putzen, waschen und in kleine Röschen teilen. Die Frühlingszwiebeln putzen, waschen und in dünne Ringe schneiden. Den Schinken würfeln und den Parmesan grob reiben. In einem Topf die Gemüsebrühe erhitzen und bei schwacher Hitze knapp unter dem Siedepunkt halten.

2 Die Hälfte der Butter in einem großen Topf erhitzen und die Zwiebel- und Knoblauchwürfel darin anschwitzen. Die Nudeln unter Rühren bei mittlerer Hitze 1–2 Min. mitbraten. Mit dem Weißwein ablöschen und bei schwacher bis mittlerer Hitze 1–2 Min. offen sanft kochen lassen. Den Brokkoli dazugeben, nach und nach die heiße Brühe hinzufügen und jeweils etwas verkochen lassen. Auf diese Weise je nach Nudelsorte 8–12 Min. unter Rühren offen kochen, bis die Nudeln bissfest sind.

3 Die restliche Brühe, die restliche Butter, die Schinkenwürfel und den Parmesan bis auf 2 EL unterrühren und das Ganze mit Salz und Pfeffer abschmecken. Die Hälfte der Frühlingszwiebeln unterrühren. Die Pasta auf zwei Teller verteilen. Mit den restlichen Frühlingszwiebeln und dem restlichen Parmesan bestreut servieren.

## Clever tauschen

Für ein **Steinpilz-Pastasotto** 20 g getrocknete Steinpilze in 100 ml Wasser ca. 15 Min. einweichen, ausdrücken, das Einweichwasser mit zur Brühe geben. Statt Brokkoli 300 g Zucchini putzen, waschen und 1–2 cm groß würfeln. Steinpilze bereits mit den Zwiebeln anschwitzen und das Pastasotto wie gehabt zubereiten, Zucchini jedoch nur ca. 5 Min. mitgaren. Das fertige Pastasotto auf zwei Teller verteilen und zusätzlich mit 1–2 EL grob gehackten Walnusskernen bestreuen.

# Spaghetti mit Kalbfleisch und Rucola

*schnell und edel*
*Zubereitung: ca. 20 Min. | Pro Portion: ca. 720 kcal*

**Für 2 Personen**

200 g Spaghetti | Salz
200 g Kalbsschnitzel
50 g Rucola
1 Knoblauchzehe
4 getrocknete Tomaten in Öl
2 EL Öl | 2 TL getrockneter Thymian
80 g Sahne | Pfeffer

1 Spaghetti nach Packungsangabe in reichlich kochendem Salzwasser bissfest garen, in ein Sieb abgießen und abtropfen lassen.

2 Inzwischen Kalbsschnitzel in feine Streifen schneiden. Den Rucola verlesen, waschen, trocken schütteln, grobe Stiele entfernen. Den Knoblauch schälen und fein würfeln. Dann die getrockneten Tomaten abtropfen lassen und in Streifen schneiden.

3 Das Öl in einer großen Pfanne erhitzen. Das Fleisch darin mit dem Thymian ca. 4 Min. bei mittlerer Hitze unter gelegentlichem Wenden anbraten. Knoblauch, Sahne und Tomaten hinzufügen, kurz aufkochen lassen und mit Salz und Pfeffer würzen. Die Nudeln und den Rucola dazugeben und alles gut vermengen. Nochmals mit Salz und Pfeffer abschmecken, auf zwei Tellern anrichten und servieren.

# Salami-Casarecce mit Aprikosen-Salsa

*scharf und fruchtig*
*Zubereitung: ca. 20 Min. | Pro Portion: ca. 730 kcal*

**Für 2 Personen**

250 g Casarecce oder Penne | Salz | 1 frische rote Chilischote | 2 Aprikosen | 200 g Kirschtomaten | 2 TL edelsüßes Paprikapulver
1/2 TL Cayennepfeffer | 2 TL flüssiger Honig
Pfeffer | 1 Zwiebel | 1 Knoblauchzehe | 2 EL Öl
50 g Paprikasalami in dünnen Scheiben

1 Die Nudeln nach Packungsangabe in reichlich kochendem Salzwasser bissfest garen, in ein Sieb abgießen und abtropfen lassen.

2 Inzwischen die Chili halbieren, entkernen, waschen und fein hacken. Aprikosen waschen, entsteinen und in Spalten schneiden. Tomaten waschen. Die Hälfte der Aprikosen und Tomaten mit den Chiliwürfeln in einen Mixbecher geben. Paprikapulver, Cayennepfeffer und Honig hinzufügen, alles fein pürieren. Das Püree salzen und pfeffern.

3 Zwiebel und Knoblauch schälen und fein würfeln. Öl in einer großen Pfanne erhitzen, Zwiebeln ca. 1 Min. darin anbraten. Übrige Tomaten und Aprikosen sowie den Knoblauch hinzufügen und 2–3 Min. bei mittlerer Hitze mitbraten. Das Püree angießen und 3–4 Min. bei schwacher bis mittlerer Hitze offen sanft kochen lassen. Die Salami und die Nudeln hinzufügen, kurz in der Pfanne schwenken, salzen und pfeffern.

# Pasta Ragù mit Paprika

*macht glücklich* | *Zubereitung: ca. 25 Min.* | *Pro Portion: ca. 975 kcal*

**Für 2 Personen**

2 Zwiebeln
2 Knoblauchzehen
1 kleine rote Paprikaschote
1 frische rote Chilischote
1 Bund Basilikum
200 g Penne
Salz | 2 EL Öl
250 g gemischtes Hackfleisch
2 TL getrockneter Rosmarin
2 EL Tomatenmark
100 ml trockener Rotwein
  (z. B. Chianti oder Montepul-
  ciano d'Abruzzo; ersatzweise
  Fleisch- oder Rinderbrühe)
50 g Sahne
Pfeffer
1–2 TL Zucker
30 g Kapern (aus dem Glas)
30 g Parmesan am Stück

1 Die Zwiebeln und den Knoblauch schälen und fein würfeln. Die Paprika halbieren, putzen, waschen und in schmale Streifen schneiden. Die Chilischote halbieren, entkernen, waschen und fein würfeln. Basilikum waschen und trocken schütteln, die Blätter abzupfen.

2 Die Penne nach Packungsangabe in reichlich kochendem Salzwasser bissfest garen. Dann in ein Sieb abgießen und gut abtropfen lassen.

3 Inzwischen das Öl in einer großen Pfanne erhitzen und das Hackfleisch darin unter Rühren bei starker Hitze krümelig braten. Paprika, Chili, Zwiebeln, Knoblauch und Rosmarin hinzufügen, ca. 3 Min. mitbraten, an den Rand schieben. Dann das Tomatenmark in der Pfannenmitte leicht karamellisieren lassen, mit Rotwein ablöschen, verrühren und ca. 3 Min. bei mittlerer Hitze offen sanft kochen lassen, dann die Sahne unterrühren.

4 Das Ragù mit Salz, Pfeffer und Zucker abschmecken. Die Kapern, die Nudeln und zwei Drittel des Basilikums dazugeben und alles gut vermengen. Die Pasta auf zwei Teller verteilen und den Parmesan darüberreiben. Mit dem restlichen Basilikum garniert servieren.

## Veggi-Variante

Dafür **80 g Sojaschnetzel** zunächst ca. 10 Min. in **300 ml warmer Gemüsebrühe** einweichen. Inzwischen das Gemüse vorbereiten und die Nudeln aufsetzen. Die Sojaschnetzel in ein Sieb abgießen und kräftig ausdrücken. In einer beschichteten Pfanne wie das Hackfleisch anbraten und das Ragù wie gehabt vorbereiten. Für strenge Vegetarier den Parmesan durch Hartkäse aus mikrobiellem Lab ersetzen.

# Gnocchi mit Koriander-Pesto und Flusskrebsen

*mit einem Hauch Exotik* | *Zubereitung: ca. 25 Min.* | *Pro Portion: ca. 890 kcal*

**Für 2 Personen**

Salz
500 g frische Gnocchi
  (Kühlregal)
1 Bund Koriandergrün
2 Bio-Limetten
30 g Pinienkerne
50 g Parmesan am Stück
2 Knoblauchzehen
60 ml Öl
Pfeffer
1/2–1 TL Zucker
3 Frühlingszwiebeln
125 g vorgekochte geschälte
  Flusskrebse (Kühlregal)
1 Beet Kresse

1  1 1/2 l Wasser im Wasserkocher aufkochen. In einen Topf geben, salzen und die Gnocchi darin nach Packungsangabe bissfest garen, in ein Sieb abgießen und abtropfen lassen.

2  Für das Pesto den Koriander waschen, trocken schütteln und grob hacken. Die Limetten heiß waschen, trocken reiben, von 1 Limette die Schale abreiben und den Saft auspressen. Pinienkerne in einer Pfanne ohne Fett anrösten, bis sie leicht gebräunt sind. 30 g Parmesan grob reiben.

3  Den Knoblauch schälen. Koriander, Limettenschale, 3 EL Limettensaft, Pinienkerne, Parmesan und 1 Knoblauchzehe mit 50 ml Öl im Standmixer oder mit dem Stabmixer fein pürieren. Mit Salz, Pfeffer und Zucker abschmecken.

4  Die Frühlingszwiebeln putzen, waschen und in dünne Ringe schneiden. Das restliche Öl in einer Pfanne erhitzen und die Gnocchi darin bei mittlerer Hitze 5–7 Min. anbraten, bis sie leicht gebräunt sind. Den restlichen Knoblauch halbieren, mit den Flusskrebsen dazugeben und ca. 2 Min. mitbraten. Zwei Drittel des Pestos und Frühlingszwiebeln dazugeben, verrühren und erwärmen.

5  Die Gnocchi auf zwei Teller verteilen, je einen Klecks Pesto daraufgeben, den restlichen Parmesan darüberhobeln, die Kresse vom Beet schneiden und darüberstreuen. Die übrige Limette vierteln und daneben anrichten.

## Clever tauschen

Anstelle der Flusskrebse können Sie für dieses Gericht auch **vorgegarte Garnelen** verwenden. Auch **küchenfertige Tintenfischtuben** sind sehr gut geeignet. Davon 150 g kalt abspülen, trocken tupfen und in Ringe schneiden. Ca. 3–4 Min. mit den Gnocchi braten und wie gehabt zubereiten.

# Rote-Linsen-Eintopf mit Kabanossi

*auch für Partys*
*Zubereitung: ca. 20 Min. | Pro Portion: ca. 590 kcal*

Für 2 Personen

2 Zwiebeln | 1 EL gekörnte Gemüsebrühe
2 EL Olivenöl | 100 g Rote Linsen | 1 Möhre
2 Stangen Staudensellerie | 100 g Kabanossi
400 g stückige Tomaten (aus der Dose)
1 EL Tomatenmark | 50 g Sahne
1 TL Currypulver | 1/2 TL gemahlener Kreuz-
kümmel | 1–2 TL edelsüßes Paprikapulver
Salz | Pfeffer

1 Zwiebeln schälen und in Spalten schneiden.
 Im Wasserkocher 1/2 l Wasser aufkochen,
 mit der gekörnten Brühe anrühren. Öl in einem Topf erhitzen, Zwiebeln darin anbraten.
 Brühe und Linsen hinzufügen, aufkochen,
 bei mittlerer Hitze 6–8 Min. zugedeckt sanft
 kochen, bis die Flüssigkeit stark reduziert ist.

2 Inzwischen die Möhre schälen, den Sellerie
 waschen, putzen, beides in dünne Scheiben
 schneiden, in die Suppe geben. Kabanossi
 in dünne Scheiben schneiden und mit den
 Tomaten in die Suppe geben. Bei schwacher
 bis mittlerer Hitze 4–5 Min. offen sanft wei-
 terkochen lassen, bis die Linsen gar sind.

3 Tomatenmark, Sahne, Currypulver, Kreuzkümmel und 1 TL Paprikapulver dazugeben
 und 1–2 Min. ziehen lassen. Suppe mit Salz,
 Pfeffer und Paprikapulver abschmecken und
 in zwei tiefen Tellern mit Baguette servieren.

# Möhreneintopf mit Markklößchen

*Deftiges neu entdeckt*
*Zubereitung: ca. 25 Min. | Pro Portion: ca. 385 kcal*

Für 2 Personen

1 EL gekörnte Gemüsebrühe | 40 g Rinder-
bouillonpaste oder 1 EL gekörnte Rinderbrühe
1 große mehligkochende Kartoffel (ca. 200 g)
150 g Knollensellerie | 400 g Möhren
3 Stängel Petersilie | 100 g Markklößchen
(vakuumverpackt; Supermarkt)
1 dünne Stange Lauch | Salz | Pfeffer
1 Prise gemahlene Kurkuma | 1–2 EL Kräuter-
Crème-fraîche | 2 EL Frühlingszwiebelringe

1 800 ml Wasser aufkochen, gekörnte Brühe
 und Bouillonpaste einrühren. Die Kartoffel
 schälen, längs halbieren und in Scheiben
 schneiden. In die Suppe geben, aufkochen
 und ca. 5 Min. offen sanft kochen lassen.

2 Sellerie schälen und fein würfeln. Möhren
 schälen und schräg in dünne Scheiben
 schneiden. Beides in die Suppe geben und
 ca. 2 Min. mitkochen. Petersilie waschen, trocken schütteln. Mit den Markklößchen zur
 Suppe geben, weitere 10 Min. bei schwacher
 Hitze offen gar ziehen lassen. Lauch putzen,
 in dünne Ringe schneiden, waschen, abtropfen lassen, nach 5 Min. in die Suppe geben.

3 Petersilie entfernen, Suppe mit Salz, Pfeffer
 und Kurkuma würzen. Auf zwei Teller verteilen, mit je einem Klecks Crème-fraîche
 und je 1 EL Frühlingszwiebeln garnieren.

# Käsesuppe
## mit Tortellini

*genialer Klassiker*
*Zubereitung: ca. 15 Min. | Pro Portion: ca. 610 kcal*

### Für 4 Personen

300 ml Milch
200 g Frischkäse
200 g leichter Schmelzkäse (ca. 9 % Fett)
2 Knoblauchzehen
200 g Zwiebelmettwurst
250 g frische Käsetortellini (Kühlregal)
2 Bund Frühlingszwiebeln
Salz | Pfeffer
1–2 TL Zucker

1 Die Milch mit 300 ml Wasser, Frischkäse und Schmelzkäse in einem Topf aufkochen. Den Knoblauch schälen und dazupressen.

2 Die Mettwurst aus der Pelle drücken und 20 kleine Klößchen aus dem Brät formen. Diese zusammen mit den Tortellini in die Suppe geben und bei schwacher Hitze ca. 5 Min. offen garen.

3 Inzwischen die Frühlingszwiebeln putzen, waschen und in dünne Ringe schneiden. Die Suppe mit Salz, Pfeffer und Zucker abschmecken. Die Frühlingszwiebeln hineingeben und die Suppe servieren.

### Getränke-Tipp
Zu diesem Klassiker passt **trockener Weißwein,** beispielsweise ein **Grüner Veltliner,** oder **Pils.**

# Borschtsch

*Genuss à la Babuschka*
*Zubereitung: ca. 20 Min. | Pro Portion: ca. 460 kcal*

### Für 2 Personen

1 Zwiebel | 200 g festkochende Kartoffeln
1 EL gekörnte Gemüsebrühe
1 EL Butterschmalz | 2 Lorbeerblätter
250 g vorgekochte Rote Beten (vakuumverpackt)
150 g Leberkäse | 200 g vorgekochtes Sauerkraut (aus der Dose) | 1 EL Tomatenmark
1–2 EL Zucker | Salz | Pfeffer

1 Zwiebel schälen und in Spalten schneiden. Kartoffeln schälen und in dünne Scheiben schneiden. 1/2 l Wasser im Wasserkocher aufkochen, mit der gekörnten Brühe anrühren.

2 Das Butterschmalz in einem Topf erhitzen. Zwiebeln darin anbraten, Kartoffeln, Lorbeer und Brühe hinzufügen, aufkochen und bei mittlerer Hitze ca. 10 Min. zugedeckt kochen lassen, bis die Kartoffeln gar sind.

3 Inzwischen die Roten Beten in schmale Streifen schneiden und dann sofort zu den Kartoffeln geben. Den Leberkäse ca. 1 cm groß würfeln. Mit dem Sauerkraut nach ca. 8 Min. in die Suppe geben. Tomatenmark und 1 EL Zucker hinzufügen und 3–4 Min. bei schwacher Hitze zugedeckt sanft kochen lassen. Mit Salz, Pfeffer und Zucker würzen.

### Clever servieren
Servieren Sie dazu einen klassischen **Dill-Schmant.** Dafür 50 g Schmant mit 1 TL gehacktem frischen Dill verrühren und mit etwas Salz abschmecken.

# Nudelsuppe mit Lachs und Spinat

*Leichtes für Löffel-Fans*
*Zubereitung: ca. 20 Min.  |  Pro Portion: ca. 265 kcal*

**Für 2 Personen**

10 g frischer Ingwer | 1 rote Zwiebel
600 ml Gemüsebrühe (Instant)
2–3 EL Sojasauce
50 g Mungbohnenkeimlinge
100 g Lachsfilet
40 g frischer Blattspinat
1 EL Öl | 80 g Glasnudeln
ca. 1 EL frisch gepresster Zitronensaft

1  Den Ingwer schälen und fein würfeln. Die Zwiebel schälen und in Spalten schneiden. Brühe mit Zwiebelspalten, Ingwerwürfeln und 2 EL Sojasauce erhitzen und ca. 5 Min. bei schwacher Hitze zugedeckt ziehen lassen.

2  Inzwischen die Bohnenkeimlinge waschen und in einem Sieb abtropfen lassen. Das Lachsfilet waschen, trocken tupfen und in 1–2 cm große Würfel schneiden. Den Spinat verlesen, waschen und trocken schleudern grobe Stiele entfernen.

3  Spinat und Keimlinge in die Suppe geben. Alles weitere 5 Min. zugedeckt ziehen lassen. Öl in einer Pfanne erhitzen und die Lachswürfel darin rundherum bei mittlerer Hitze 2–3 Min. anbraten. Mit den Nudeln in die Suppe geben. Kurz ziehen lassen, bis die Nudeln gar sind. Die Suppe mit Sojasauce und Zitronensaft würzen.

# Kokossuppe mit Garnelen

*frisch aromatisch*
*Zubereitung: ca. 20 Min.  |  Pro Portion: ca. 165 kcal*

**Für 2 Personen**

1 Möhre | 1 Pastinake | 100 g Fenchel
2 Knoblauchzehen | 400 ml Gemüsebrühe
(Instant) | 200 ml Kokosmilch | 150 g geschälte TK-Garnelen | 2 Frühlingszwiebeln
ca. 1 EL frisch gepresster Zitronensaft | Salz
1–2 TL Zucker | ca. 1/2 TL Ingwerpulver

1  Möhre und Pastinake schälen und in dünne Scheiben schneiden. Den Fenchel waschen, putzen und in feine Streifen schneiden. Den Knoblauch schälen und fein würfeln.

2  Die Gemüsebrühe mit der Kokosmilch in einem Topf aufkochen. Das Gemüse in die Suppe geben und ca. 10 Min. bei schwacher Hitze zugedeckt sanft kochen lassen.

3  Inzwischen die Garnelen kalt abspülen, abtropfen lassen und nach ca. 5 Min. Garzeit in die Suppe geben. Frühlingszwiebeln putzen, waschen und in dünne Ringe schneiden

4  Die Suppe mit Zitronensaft, Salz, Zucker und Ingwer abschmecken. Die Frühlingszwiebeln hineingeben und die Suppe in zwei tiefen Tellern servieren.

### Clever tauschen
Wer Garnelen nicht so gerne mag, kann stattdessen 150 g in Streifen geschnittenes **Hähnchenfleisch** mit in die Suppe geben und ca. 5 Min. darin garen.

# Eins, zwei – ab in den Ofen

**Superpraktisch – diese Ofengerichte glänzen mit kurzer Vorbereitungszeit und brauchen danach keinerlei Betreuung!**

**Für 2 Personen**

5 schwarze Oliven ohne Stein
3 getrocknete Tomaten in Öl
50 g Käse (z. B. Halloumi,
   Schafkäse oder Mozzarella)
50 g gewürfelter Schinkenspeck
   (Kühlregal)
1 Aufback-Baguette
2 EL Aceto Balsamico
2 TL flüssiger Honig
1 TL Dijon-Senf
3 EL Rapsöl
Salz | Pfeffer
125 g Feldsalat
1 Mandarine
2 EL Walnusskerne

## Gefülltes Baguette mit Feldsalat

*Sommerliches für den Winter* | *im Bild links*
*Zubereitung: ca. 10 Min.* | *Backen: ca. 15 Min.* | *Pro Portion: ca. 770 kcal*

1 Den Backofen auf 250° (Umluft 220°) vorheizen. Die Oliven in Ringe schneiden, die Tomaten abtropfen lassen und fein würfeln. Den Käse fein würfeln. Alles mit den Schinkenwürfeln mischen. Baguette längs halbieren. In jede Hälfte längs eine Kerbe schneiden, die Masse darauf verteilen. Die Baguette-Hälften auf ein mit Backpapier belegtes Blech legen. Die Ofentemperatur auf 200° herunterschalten und die Baguettes im heißen Ofen (Mitte, Umluft 180°) in ca. 15 Min. knusprig backen.

2 Inzwischen Balsamessig, Honig und Senf verrühren, das Öl unter Rühren dazulaufen lassen. Mit Salz und Pfeffer abschmecken. Den Feldsalat waschen und trocken schleudern. Die Mandarine schälen und in ihre Segmente zerlegen. Salat, Mandarine und Walnüsse auf zwei Teller verteilen, mit Dressing beträufeln. Baguettes daneben anrichten.

# Hackfleisch-Zucchini-Spieße mit Paprika-Dip

*mit Balkan-Ambiente* | Zubereitung: ca. 25 Min. | Backen: ca. 20 Min. | Pro Portion: ca. 540 kcal

**Für 2 Personen**

1 Zwiebel
250 g Rinderhackfleisch
1 TL getrocknete italienische
Kräuter | 2 TL rosenscharfes
Paprikapulver
3 Knoblauchzehen
Salz | Pfeffer
1 Zucchino (ca. 300 g)
1 rote Paprikaschote
1 Scheibe altbackenes Weißbrot
  (ca. 40–50 g)
2 EL Öl
4 getrocknete Tomaten in Öl
1 EL edelsüßes Paprikapulver

**Außerdem:**

4 Schaschlik-Spieße aus Metall

1 Ofen auf 250° (Umluft 220°) vorheizen. Zwiebel schälen und fein würfeln. Mit Hackfleisch, Kräutern und 1 TL rosenscharfem Paprikapulver vermengen. Knoblauch schälen und 1 Zehe dazupressen. Mit Salz und Pfeffer würzen.

2 Aus der Masse acht längliche Bällchen formen. Zucchino waschen, putzen und in zwölf dicke Scheiben schneiden. Je drei davon und zwei Hackbällchen abwechselnd auf die Spieße stecken. Spieße auf ein mit Backpapier belegtes Backblech legen und im heißen Ofen (Mitte) 15–20 Min. backen.

3 Inzwischen für den Dip Paprika halbieren, putzen, waschen und klein würfeln. Das Brot würfeln. Das Öl in einer Pfanne erhitzen. Paprika und Brot darin 5–6 Min. bei mittlerer Hitze anbraten. Inzwischen die Tomaten abtropfen lassen und würfeln. Tomaten und restlichen Knoblauch mit in die Pfanne geben und ca. 2 Min. mitbraten. Im Standmixer mit restlichem scharfen und dem edelsüßen Paprikapulver fein pürieren, mit Salz und Pfeffer abschmecken. Den Dip mit den Spießen servieren, dazu Baguette oder Reis reichen.

# Ofengemüse mit Kürbis und Fenchel

*ganz einfach* | *Zubereitung: ca. 20 Min.* | *Backen: ca. 25 Min.* | *Pro Portion: ca. 450 kcal*

**Für 2 Personen**

250 g Fenchel | Salz
400 g Hokkaido-Kürbis
250 g Austernpilze
1 Stängel Petersilie
1 Schalotte
2 EL Pesto alla genovese
  (Fertigprodukt; aus dem Glas)
2 EL Aceto Balsamico bianco
5 EL Öl | Pfeffer

1 Den Ofen auf 250° (Umluft 220°) vorheizen. Den Fenchel putzen, waschen und längs halbieren, den harten Strunk entfernen, den Rest in 1–2 cm breite Spalten schneiden. Diese in kochendem Salzwasser ca. 3 Min. blanchieren, in ein Sieb abgießen und abtropfen lassen.

2 Den Kürbis putzen, waschen, entkernen und samt Schale in 1–2 cm breite Spalten schneiden. Die Pilze putzen und grob zerkleinern.

3 Die Petersilie waschen und trocken schütteln, die Blätter abzupfen und fein hacken. Die Schalotte schälen und fein würfeln. Beides mit Pesto, Essig und Öl verrühren und mit Salz und Pfeffer abschmecken. Das Gemüse mit der Marinade mischen und auf ein mit Backpapier belegtes Blech geben. Die Temperatur auf 200° herunterschalten und das Gemüse im heißen Ofen (Mitte, Umluft 180°) 20–25 Min. garen. Dazu passt Baguette oder gebratene Polenta.

# Mediterranes Gemüse mit Hähnchenflügeln

*für Geflügel-Fans* | *Zubereitung: ca. 25 Min.* | *Backen: ca. 30 Min.* | *Pro Portion: ca. 520 kcal*

Für 2 Personen

300 g kleine festkochende
   neue Kartoffeln
1 kleine Aubergine (ca. 200 g)
2 Stangen Staudensellerie
1 rote Paprikaschote
2 Zweige Rosmarin
1 Bio-Zitrone
4 EL Olivenöl
1 EL flüssiger Honig
3 Knoblauchzehen
Salz | Pfeffer
6 Hähnchenflügel

1 Den Ofen auf 250° (Umluft 220°) vorheizen. Die Kartoffeln waschen, in einen Topf geben, knapp mit Wasser bedecken, aufkochen und ca. 10 Min. bei mittlerer Hitze zugedeckt sanft kochen lassen.

2 Inzwischen die Aubergine waschen, längs halbieren und quer in dicke Scheiben schneiden. Den Staudensellerie waschen und in ca. 3 cm lange Stücke schneiden. Die Paprikaschote halbieren, putzen, waschen und in mundgerechte Stücke schneiden. Den Rosmarin waschen und trocken schütteln.

3 Zitrone heiß waschen, trocken reiben, die Schale abreiben, den Saft auspressen und beides mit dem Öl und dem Honig verrühren. Den Knoblauch schälen und dazupressen. Die Marinade mit Salz und Pfeffer kräftig würzen.

4 Die Kartoffeln abgießen. Kartoffeln, Auberginenscheiben, Staudensellerie und Paprika in einer Schüssel mit der Marinade mischen und mit dem Rosmarin auf ein mit Backpapier belegtes Blech geben. Die Hähnchenflügel waschen und trocken tupfen, salzen und auf das Gemüse legen. Die Ofentemperatur auf 220° herunterschalten und alles im heißen Backofen (Mitte, Umluft 200°) ca. 30 Min. backen, bis die Hähnchenflügel knusprig sind. Dazu passt Aïoli, Zaziki oder Kräuterquark.

## Clever variieren

Salatfreunde ergänzen das Gericht durch **1 Romana-Salatherz** oder **1 kleinen Radicchio**. Salat waschen, halbieren und die letzten 10 Min. mit auf das Blech legen. Die Salate saugen dann die zitronige, knoblauchwürzige Marinade auf und bleiben im Kern noch knackig.

# Folien-Forelle
## mit Kapernbutter

*Klassiker auf neue Art* | *Zubereitung: ca 20 Min.* | *Backen: ca. 25 Min.* | *Pro Portion: ca. 575 kcal*

### Für 2 Personen

2 küchenfertige ganze Forellen
 (à ca. 350 g, frisch oder
 tiefgekühlt und aufgetaut)
Salz | Pfeffer
je 2 Zweige Thymian
 und Rosmarin
2 Bio-Zitronen
2 Knoblauchzehen
1 TL + 80 g weiche Butter
2 Schalotten
1 EL Öl
40 g Kapern
1/2–1 TL Honig

1 Den Backofen auf 250° (Umluft 220°) vorheizen. Forellen mit kaltem Wasser abspülen, trocken tupfen und innen und außen salzen und pfeffern. Kräuter waschen und trocken schütteln. Die Zitronen heiß waschen, trocken reiben und 1 davon in dünne Scheiben schneiden. Den Knoblauch schälen und halbieren.

2 Knoblauch und Kräuter in die Bauchhöhlen der Forellen legen (**Bild 1**). Zwei ausreichend große Stücke Alufolie (ca. 30 × 40 cm) auf der Arbeitsfläche ausbreiten. Die Alufolien in der Mitte jeweils mit 1/2 TL Butter bestreichen und die Fische darauflegen. Die Zitronenscheiben auf die Forellen legen (**Bild 2**). Die Alufolie gut verschließen, dafür zunächst die Längsseiten zusammenfassen und umfalzen, dann mit den Querseiten (**Bild 3**) genauso verfahren.

3 Die Folienpäckchen auf ein Backblech setzen. Die Ofentemperatur auf 220° herunterschalten und die Fische im heißen Ofen (Mitte, Umluft 200°) ca. 15 Min. garen. Den Ofen ausschalten und die Forellen noch ca. 10 Min. ziehen lassen.

4 Inzwischen für die Kapernbutter die Schale der übrigen Zitrone abreiben und den Saft auspressen. Die Schalotten schälen und in feine Würfel schneiden. Das Öl in einem kleinen Topf erhitzen. Die Schalotten darin bei schwacher Hitze andünsten, bis sie glasig sind. Die restliche Butter dazugeben und zerlassen, die Zitronenschale und die Kapern hinzufügen. Mit Salz, Pfeffer, Honig und Zitronensaft abschmecken. Die Forellen in der Folie servieren und mit der Kapernbutter beträufeln. Dazu passen Salzkartoffeln.

### Clever variieren

1 angedrückte Stange **Zitronengras** oder **2–3 Kaffirlimettenblätter** in der Folie geben dem Fisch einen zitrusfrischen Asia-Touch.

# Kräuter-Lachs im Pergament

*Aroma-Explosion* | *Zubereitung: ca. 20 Min.* | *Backen: ca. 18 Min.* | *Pro Portion: ca. 560 kcal*

## Für 2 Personen

1 kleines Bund gemischte
   Kräuter (z. B. Kerbel, Dill,
   Estragon und Basilikum;
   ersatzweise 1 Päckchen
   TK-Kräutermischung
   »8 Kräuter«)
10 g frischer Ingwer
1 Bio-Zitrone
50 g weiche Butter
50 ml trockener Weißwein
   (nach Belieben)
Salz | Pfeffer
1 kleiner Zucchino (ca. 200 g)
1 Möhre
200 g Fenchel
1 rote Zwiebel
2 Lachsfilets (à ca. 150 g)

### Clever einkaufen

Achten Sie beim Fischkauf auf das **MSC-Siegel** (Marine Stewardship Council). Es erhalten nur Produkte aus **nachhaltigem Fischfang.** Am besten steigen Sie, wo es möglich ist, um die Wildbestände zu schonen, auf Fisch aus **biologischen Aquakulturen** um. Zusätzlich informieren der WWF und Greenpeace in Einkaufsführern und auf ihren Internetseiten.

1 Den Backofen auf 250° (Umluft 220°) vorheizen. Kräuter waschen, trocken tupfen, Blätter abzupfen und fein hacken. Ingwer schälen und fein reiben. Die Zitrone heiß waschen, trocken reiben, von einer Hälfte die Schale abreiben und den Saft auspressen, die andere Hälfte beiseitelegen. Butter, Kräuter, Ingwer, Zitronenschale, Weißwein und Zitronensaft verrühren und mit Salz und Pfeffer abschmecken.

2 Den Zucchino waschen und schräg in dünne Scheiben schneiden. Die Möhre schälen, quer halbieren und längs in dünne Scheiben schneiden. Den Fenchel putzen, waschen und in dünne Streifen schneiden. Die Zwiebel schälen und in dünne Spalten schneiden.

3 Vier ca. 40 cm große Pergamentpapierstücke abreißen und je zwei übereinanderlegen. Je die Hälfte des Gemüses mittig darauf verteilen. Die Fischfilets waschen, trocken tupfen und je 1 aufs Gemüse setzen. Die Kräuterbutter auf dem Fisch verteilen. Das Pergamentpapier gut verschließen, die Enden nach Belieben mit Küchengarn zusammenbinden.

4 Die Päckchen auf ein Backblech setzen. Die Ofentemperatur auf 200° herunterschalten und Fisch und Gemüse im heißen Backofen (Mitte, Umluft 180°) 15–18 Min. backen, bis Fisch und Gemüse gar sind. Die Pergamentpäckchen erst am Tisch öffnen. Die restliche Zitronenhälfte halbieren und dazu servieren. Dazu passen Pellkartoffeln oder Baguette.

# Gratinierter Fisch mit Lauch und Zucchini

*frisch & Fisch* | *Zubereitung: ca. 15 Min.*
*Backen: ca. 25 Min.* | *Pro Portion: ca. 695 kcal*

Für 2 Personen

1 Stange Lauch | 1 Zucchino (ca. 300 g)
200 g TK-Fischfilet (Kabeljau oder Seelachs)
125 g Mozzarella | 100 g Sahne | 100 g Crème
fraîche | 2 EL frisch gepresster Zitronensaft
1 TL mittelscharfer Senf | 1 Bund Dill
Salz | Pfeffer | 1 Ei | 100 g TK-Erbsen

1 Den Backofen auf 250° (Umluft 220°) vorheizen. Lauch putzen, in 1 cm dicke Ringe schneiden, waschen und in einem Sieb abtropfen lassen. Zucchino waschen, putzen und in 1 cm dicke Scheiben schneiden. Den Fisch 2 cm groß würfeln.

2 Den Mozzarella fein würfeln und mit Sahne, Crème fraîche, Zitronensaft und Senf mischen. Den Dill waschen, trocken schütteln, die Spitzen abzupfen und fein hacken. Die Hälfte des Dills unterrühren. Mit Salz und Pfeffer würzen und das Ei unterrühren.

3 Fischfilet, Lauch, Zucchinischeiben und Erbsen in eine Auflaufform (ca. 20 × 20 cm) schichten, den Mozzarella-Guss darüber verteilen. Die Ofentemperatur auf 200° herunterschalten und den Auflauf im heißen Ofen (Mitte, Umluft 180°) ca. 25 Min. backen, bis Fisch und Gemüse gar sind. Den restlichen Dill darüberstreuen. Dazu passen Kartoffeln, Reis oder Bandnudeln.

# Sauerkrautauflauf mit Spätzle

*Deftiges für den Winter* | *Zubereitung: ca. 15 Min.*
*Backen: ca. 20 Min.* | *Pro Portion: ca. 905 kcal*

Für 2 Personen

1 EL Öl | 350 g frische Spätzle oder Schupfnudeln (Kühlregal) | 1 Zwiebel | 1 Knoblauchzehe | 2 Lorbeerblätter | 200 g Kasseler
400 g vorgekochtes Sauerkraut (aus der Dose)
2 EL Apfelmus (Fertigprodukt; aus dem Glas)
150 ml Apfelsaft | 150 g Sahne | Salz
Pfeffer | 1 Msp. gemahlener Kümmel
80 g geriebener Emmentaler

1 Den Backofen auf 250° (Umluft 220°) vorheizen. Öl in einer Pfanne erhitzen und die Spätzle oder Schupfnudeln darin bei mittlerer Hitze 3–4 Min. anbraten. Währenddessen die Zwiebel und den Knoblauch schälen, fein würfeln. Mit den Lorbeerblättern zu den Spätzle geben und 2–3 Min. mitbraten.

2 Das Kasseler ca. 1 cm groß würfeln und mit dem Sauerkraut und dem Apfelmus zu den Spätzle geben. Erhitzen und die Mischung in eine Auflaufform (ca. 20 × 20 cm) füllen.

3 Für den Guss Apfelsaft und Sahne verrühren und mit Salz, Pfeffer und Kümmel würzen. Auf der Spätzle-Mischung verteilen, den Emmentaler darüberstreuen.

4 Ofentemperatur auf 200° herunterschalten. Den Auflauf im heißen Backofen (Mitte, Umluft 180°) ca. 20 Min. backen.

# Flammkuchen mit Speck und Birnen

*Grüße aus Baden* | *Zubereitung: ca. 15 Min.*
*Backen: ca. 12 Min. pro Blech* | *Pro Portion: ca. 930 kcal*

### Für 2 Personen

1 Packung Pizzateig (400 g; Kühlregal)
1 reife Birne
2 Schalotten
250 g Schmant
Salz | Pfeffer
100 g gewürfelter Schinkenspeck (Kühlregal)
30 g Walnuss- oder Pekannusskerne

### Außerdem:

Mehl zum Ausrollen

1 Ein Blech auf die mittlere Schiene des Backofens schieben und den Ofen auf 250° vorheizen. Inzwischen den Pizzateig quer halbieren und jeweils mit etwas Mehl auf Backpapier fast auf Blechgröße ausrollen.

2 Für den Belag die Birne mit dem Sparschäler schälen, halbieren, das Kerngehäuse entfernen und das Fruchtfleisch in dünne Spalten schneiden. Die Schalotten schälen und in feine Würfel schneiden.

3 Den Schmant mit Salz und Pfeffer würzen und je die Hälfte auf die beiden Pizzateigböden streichen. Die Birnenspalten sowie die Schalotten- und Speckwürfel darauf verteilen. Die Wal- oder Pekannusskerne hacken und beiseitestellen.

4 Einen Flammkuchen mit dem Backpapier auf das heiße Blech legen und im heißen Backofen (Mitte; Umluft nicht geeignet) ca. 10–12 Min. backen, bis der Teig knusprig und gebräunt ist. Dann den zweiten Flammkuchen in den Ofen schieben und backen. Inzwischen den bereits fertigen Flammkuchen mit der Hälfte der Nüsse bestreuen, halbieren und servieren. Mit dem zweiten Flammkuchen ebenso verfahren. Dazu passt ein Rucolasalat mit Balsamico-Dressing.

## Italo-Variante

Wer den Teig ein bisschen dicker mag und eher in südliche Gefilde strebt, kann diese **Pizza bianca** ausprobieren. Dafür den Teig nicht teilen und weiter ausrollen, sondern im Ganzen auf Backpapier auslegen. 125 g Mozzarella würfeln und mit 200 g Schmant verrühren. 2 Knoblauchzehen schälen und dazupressen. Mit Salz und Pfeffer abschmecken. Auf den Teig streichen. 1 Zucchino (ca. 250 g) waschen und in dünne Scheiben schneiden. 10 getrocknete, in Öl eingelegte Tomaten abtropfen lassen und in Streifen schneiden. Zucchini und Tomaten auf der Pizza verteilen, die Pizza in den Ofen schieben und wie oben beschrieben auf mittlerer Schiene 15–17 Min. backen. Inzwischen 2 Stängel Basilikum waschen und trocken schütteln, die Blätter abzupfen und auf der fertigen Pizza verteilen. Sofort servieren.

# Blätterteig-Muffins
## mit Tomaten-Feigen-Salat

*für spontane Gäste* | *Zubereitung: ca. 25 Min.* | *Backen: ca. 18 Min.* | *Pro Portion: ca. 535 kcal*

**Für 4 Personen**

1 Platte Blätterteig
   (275 g; Kühlregal)
200 g Schafkäse (Feta)
1 EL gehackter TK-Dill
50 g Crème fraîche
2 Knoblauchzehen
Pfeffer | 2 Eier
6 kleine Tomaten
125 g Rucola
3 frische reife Feigen
1 EL Öl
60 ml Crema di Balsamico
   (s. Tipp)
Salz

Außerdem:

12 Papierbackförmchen
   à 7 cm Ø
Muffinsblech mit 12 Mulden
   à 8 cm Ø

1 Den Backofen auf 250° (Umluft 220°) vorheizen. Aus dem Blätterteig zwölf Quadrate à ca. 10 cm Seitenlänge ausschneiden. Die Papierbackförmchen in die Mulden des Muffinsblechs legen. Die Papierförmchen mit je einem Teigquadrat auskleiden und die Teigränder überstehen lassen.

2 Den Schafkäse zerbröckeln. Den Dill mit dem Schafkäse und der Crème fraîche mischen, den Knoblauch schälen und dazupressen. Mit Pfeffer würzen und mit den Eiern verrühren. Die Käsemasse auf dem Teig verteilen. 2 Tomaten waschen und in je sechs Scheiben schneiden. Jeweils eine Tomatenscheibe auf die Muffins legen. Die überstehenden Teigränder leicht nach innen einschlagen. Die Muffins im heißen Backofen (Mitte) 16–18 Min. backen, bis der Blätterteig leicht gebräunt ist.

3 Inzwischen den Rucola verlesen, waschen und trocken schleudern. Grobe Stiele entfernen und die Blätter klein zupfen. Die restlichen Tomaten waschen und in Spalten schneiden, dabei die Stielansätze entfernen. Die Feigen waschen und ebenfalls in Spalten schneiden. Rucola mit dem Öl mischen und auf vier Schälchen verteilen, Feigen und Tomaten darauf anrichten. Mit Crema di Balsamico beträufeln, salzen und pfeffern. Die fertigen Muffins aus der Form lösen und mit dem Salat servieren.

### Clever selber machen – Crema di Balsamico

Dafür 300 ml Aceto Balsamico mit 50 g Zucker oder Honig bei mittlerer Hitze etwa 10 Min. offen kochen, bis der Essig leicht zähflüssig wird. Vom Herd nehmen. Beim Abkühlen wird der Sirup von selbst noch fester, daher nicht zu lange einkochen lassen. Der Sirup hält sich in einem Schraubglas kühl gestellt mehrere Monate.

# Pide mit Hack-fleisch und Oliven

*türkische Pizza-Variante* | *Zubereitung: ca. 20 Min.*
*Backen: ca. 20 Min.* | *Pro Portion: ca. 855 kcal*

Für 2 Personen

1 Packung Pizzateig (400 g; Kühlregal)
1 rote Spitzpaprika | 1 kleiner Zucchino
(ca. 150 g) | 1 EL Öl | 200 g Rinderhackfleisch
1 Knoblauchzehe | Salz | Pfeffer
je ca. 1 TL edelsüßes Paprikapulver und gemahlener Kreuzkümmel | 100 g Schafkäse (Feta)
1 Ei | 40 g schwarze Oliven

1  Ein Blech auf die mittlere Schiene des Backofens schieben und den Ofen auf 250° (Umluft 220°) vorheizen. Pizzateig halbieren, Hälften auf Backpapier leicht oval formen.

2  Paprika halbieren, putzen, waschen und in Streifen schneiden. Den Zucchino waschen, putzen, in 1/2 cm dicke Scheiben schneiden. Öl in einer Pfanne erhitzen, Hackfleisch darin bei starker Hitze 3–4 Min. scharf anbraten, Paprika und Zucchino hinzufügen, ca. 3 Min. mitbraten. Knoblauch schälen und dazupressen. Mit Salz, Pfeffer, Paprikapulver und Kreuzkümmel abschmecken.

3  Schafkäse zerbröckeln, mit Ei verrühren und auf den Teig streichen. Hackfleischmasse und die Oliven darauf verteilen. Die Teigränder leicht einklappen, sodass Schiffchen entstehen. Die Pide nebeneinander auf das Blech legen und im heißen Ofen (Mitte) 15–20 Min. backen, bis der Teig knusprig ist.

# Lauch-Käse-Wähe mit Weintrauben

*Schweizer Liebling* | *Zubereitung: ca. 20 Min.*
*Backen: ca. 20 Min.* | *Pro Portion: ca. 900 kcal*

Für 2 Personen

1 Packung Pizzateig (400 g; Kühlregal)
1 EL Mehl | 2 Stangen Lauch
30 g getrocknete Tomaten in Öl
150 g grüne kernlose Weintrauben
100 g Sahne | 100 g geriebener Emmentaler
oder Gruyère | 2 Eier | Salz | Pfeffer | 1 EL Öl

1  Ofen auf 250° (Umluft 220°) vorheizen. Teig auf etwas Mehl zu einem Kreis mit 35 cm Ø ausrollen und eine Springform (28 cm Ø) oder Quicheform (28–30 cm Ø) damit auslegen, dabei einen 2 cm hohen Rand formen.

2  Lauch putzen, in Ringe schneiden, waschen und abtropfen lassen. Getrocknete Tomaten abtropfen lassen und würfeln. Weintrauben waschen, von den Stielen lösen.

3  Sahne, Käse und Eier verquirlen, salzen und pfeffern. Das Öl in einer Pfanne erhitzen, den Lauch darin unter Rühren bei mittlerer Hitze 3–4 Min. anbraten, Tomaten zugeben. Lauch, Weintrauben und den Guss auf dem Teig verteilen. Die Ofentemperatur auf 200° (Umluft 180°) herunterschalten und die Wähe auf der mittleren Schiene ca. 20 Min. backen.

## Getränke-Tipp

Zur würzigen Wähe passt hervorragend ein **kräftiger, trockener Riesling** aus Baden oder dem Elsass.

## Unsere Garantie

Mit dem Kauf dieses Buches haben Sie sich für ein Qualitätsprodukt entschieden. Wir haben alle Informationen in diesem Ratgeber sorgfältig und gewissenhaft geprüft. Sollte Ihnen dennoch ein Fehler auffallen, bitten wir Sie, uns das Buch mit dem entsprechenden Hinweis zurückzusenden. Gerne tauschen wir Ihnen den GU-Ratgeber gegen einen anderen zum gleichen oder zu einem ähnlichen Thema um.

# Liebe Leserin und lieber Leser,

wir freuen uns, dass Sie sich für ein GU-Buch entschieden haben. Mit Ihrem Kauf setzen Sie auf die Qualität, Kompetenz und Aktualität unserer Ratgeber. Dafür sagen wir Danke! Wir wollen als führender Ratgeberverlag noch besser werden. Daher ist uns Ihre Meinung wichtig. Bitte senden Sie uns Ihre Anregungen, Ihre Kritik oder Ihr Lob zu unseren Büchern. Haben Sie Fragen oder benötigen Sie weiteren Rat zum Thema? Wir freuen uns auf Ihre Nachricht!

GRÄFE UND UNZER VERLAG
Leserservice
Postfach 86 03 13
81630 München

Wir sind für Sie da!
Montag–Donnerstag: 8.00–18.00 Uhr
Freitag: 8.00–16.00 Uhr
Tel.: 0180 - 500 50 54*
Fax: 0180 - 501 20 54*
E-Mail: leserservice@graefe-und-unzer.de

*(0,14 €/Min. aus dem deutschen Festnetz, Mobilfunkpreise können abweichen)

## Neugierig auf GU? Jetzt das GU Kundenmagazin und die GU Newsletter abonnieren.

Wollen Sie noch mehr Aktuelles von GU erfahren, dann abonnieren Sie unser kostenloses GU Magazin und/oder unseren kostenlosen GU-Online-Newsletter. Hier ganz einfach anmelden: www.gu-online.de/anmeldung

GRÄFE UND UNZER

*Ein Unternehmen der*
GANSKE VERLAGSGRUPPE

# Kochlust pur

### Der Autor

**Martin Kintrup** kochte schon während seines Studiums mit Begeisterung in einem vegetarischen Restaurant. Inzwischen hat er seine Lust am Kochen, Essen und Genießen zum Beruf gemacht: Als Autor und Redakteur arbeitet er für mehrere Verlage und hat an zahlreichen Kochbüchern mitgewirkt. Für seine abwechslungsreiche Crossover-Küche im Titel »Vegetarisch genießen« erhielt er 2008 die Silbermedaille der Gastronomischen Akademie Deutschlands. In diesem Buch stellt Martin Kintrup seine Lieblingsrezepte für alle vor, die abends wenig Zeit zum Kochen, aber viel Lust auf gutes Essen haben.

### Die Fotografen

Das Studio **L'EVEQUE Tanja & Harry Bischof** (Styling & Fotografie) arbeitet seit Jahren intensiv für Werbung, Bücher und Zeitschriften im Foodbereich. In der Innenstadt Münchens kreieren sie im Team Foodaufnahmen in erfrischendem Licht und appetitanregendem, trendigem Styling. Das Fotostudio dankt »Le Bazar de Cuisine«, München, für das Ausleihen von Requisiten.

### Bildnachweis

Titelbild: Klaus-Maria Einwanger; alle anderen: Studio L'EVEQUE Tanja & Harry Bischof

### Redaktion:
Alessandra Redies

### Lektorat:
Cora Wetzstein

### Korrektorat:
Saskia Nickles

### Innenlayout, Typografie und Umschlaggestaltung:
independent Medien-Design, München

### Satz:
Knipping Werbung GmbH, Berg/Starnberg

### Herstellung:
Gloria Pall

### Reproduktion:
Longo AG, Bozen

### Druck und Bindung:
Printer, Trento

ISBN  978-3-8338-1682-6
1. Auflage 2009

GRÄFE
UND
UNZER

*Ein Unternehmen der*
GANSKE VERLAGSGRUPPE